文史哲學集成

陳引馳著

莊學文藝觀研究

文史哲出版社印行

國立中央圖書館出版品預行編目資料

莊學文藝觀研究 / 陳引馳著. -- 初版. -- 臺北
市 : 文史哲, 民83
面 ;   公分. -- (文史哲學集成 ; 307)
ISBN 957-547-859-2(平裝)

1.（周）莊 - 學術思想 - 評論

121.337　　83002220

文史哲學集成 307

莊學文藝觀研究

著者：陳引馳
出版者：文史哲出版社
登記證字號：行政院新聞局局版臺業字五三三七號
發行人：彭正雄
發行所：文史哲出版社
印刷者：文史哲出版社
台北市羅斯福路一段七十二巷四號
郵撥〇五一二八八一二彭正雄帳戶
電話：三五一一〇二八

實價新台幣三二〇元

中華民國八十三年三月初版

ISBN 957-547-859-2

莊學文藝觀研究　目錄

本書提要

莊學是古典思想傳統中最具生命力的部分之一。它兼容了極爲豐富的古代觀念、思潮，深刻影響了二千年來中國人的精神世界，時至今日，仍富有充沛的現代性。這是人類曾產生過的眞正偉大的思想所共有的特徵。這些偉大思想都深切地面對著人類存在的核心問題。

本書的主要意圖在於較爲切近地把握莊學對於「藝」、「文」、「美」的根本觀念，並試圖指出它們與莊學思想主體的內在聯繫。全書分爲五章。第一章是導論。第二章是對所理解的莊學及其與古典思想傳統關聯的論述，第三、四、五章是對莊學藝術觀念的幾個主要方面的分析。

導論對本書論述的基本方式和主要思路作了通釋。本書希望將莊學置於思想傳統的背景中予以把握。這不僅爲對象作爲一種思想史現象的性質所決定，也是符合古代典籍的文獻學特點的。鑑於《莊子》兼容了多種古代觀念及特殊的成書形式，本書試圖以觀念線索梳理莊學思想，從而突顯其思想的眞貌及在思想史上的貢獻。

莊學在古代思想「天」、「人」論中偏重於「天」，「天」可說是莊學核心觀念。古代神格性的「天」逐漸向物質實體的「天」進化，是爲自然界與「地」相對之「天」，哲學史上突出代表即《老子》。而《莊子》將《老子》中隱然存在的「天」「道」「自然」觀念大加暢揚，將老學中物質性的實體「天」提升爲狀態之「天」即「自然」。這是莊學在哲學史上突破性的貢獻。而此種狀態性的「天」在現實中即落實於萬物各別的「性」上。在萬物之「性」上，呈現著抽象化的狀態性的「天」：「自然」。「天」、「性」的線索是莊學內在的思理脈絡。「性」的觀念對莊學極爲重要，不僅在莊學內部的思想結構中具有關鍵性，且由此與整個思想史發生深刻的聯繫。

「天」、「性」的線索也是莊學關於本原性藝術觀念的內在理路。莊學中並沒有後代意義上的獨立的藝術論、美學思想體系，它對「藝」、「文」「美」的觀念都與其主體思想不可分離。「天」在莊學是本原性的，「藝」、「文」是「天」、「道」的呈現，這種生成論與本質論的統一實是中國古代藝術本質論共通的觀念。因此，莊學所界定的藝術的「自然」就絕不僅是風格論層面的，更是藝術本質層面的。「自然」作爲藝術之本質落實於各藝術成品的「性」上，能執守「性」之本然、自然，就是保證了眞正的藝術的存在。在這個意義上，莊學主張「樸」是先於「美」的，即「樸素則天下莫能與之爭美」。

《易傳》以下的一系思想建構了「天」、「人」、「文」的藝術生成模式。《莊子》雖將作爲本源、本質的「天」與「文」、「美」的承載者「性」直接連通，顯示了對「人」的因素的排拒，但「藝」、「文」之實現必不能脫離「人」。在這一方面，莊學執去「人」合「天」的觀點。「虛靜」當置於此「天」、「人」關係中予以把握方能得其眞意。「虛靜」之原意就是要去除人的知性和欲望，而與「天」、「道」合爲一體。與「天」合一，獲致自由、充實，由此而發抒，便能使本原之「天」到「藝」、「文」得到暢通的顯呈，使藝術成品完全地體現出得自其本源的「自然」。「虛靜」關於藝術心境，「物化」則涉及藝術的實現。《莊子》論藝寓言即多觸及藝術實踐的內涵。

「言」「意」關係是古典語言符號觀中的核心問題，其源頭大致爲《易傳》和《莊子》。一般地說，對「言」、「意」的討論是承繼著《易傳》的論題，而實質上汲取了《莊子》的思想。玄學中荀粲、王弼的兩成果皆深有得於莊學的觀念。在「言」、「意」是否相符上，「意在言外」爲中國詩學建立了一個超越性的境界，而「得意忘言」則突出了「言」的媒介性，導向「寄言出意」的觀念。文學中「言」「意」論都是在創作傳達方面展開的。「意在言外」和「寄言出意」有機結合，相輔相成。同時，「言」、「意」論與「比興」論有可溝通之處，這一方面說明「言」、「意」在文學中主要與傳達論相關，另一方面也體現了文學傳達有賴符號媒介的特點，即以「言」構「象」，從而達「意」。

第一章　導論

壹、主旨

本書的主要意圖在於較爲切近地把握《莊子》對於「藝」、「文」、「美」的根本觀念。我們將會看到，這主要是關於「藝」、「文」、「美」的源始、發生及其本質特性的，它與《易傳》以下的思想共同構成了中國藝術最本質的觀點，並且與發展了的儒學思想在這一層面有著共同的體認。我們很難說是哪一個思想系統成爲中國藝術觀念的主流，因爲它們在最初是淵源於共通的思想觀念，而後又是互相融攝、互補互足的。這就不得不注意藝術觀念與其所屬的思想主體的關係。本書深信，這種關係是深刻存在的，只有指明這種關係，予以切近的梳理，才能眞正把握藝術觀念的眞實面貌，而不至於依據著特定的立場作過度的發揮。闡說《莊子》中關於「藝」、「文」、「美」的根本觀念，並試圖指出它與莊學思想主體的內在聯繫，即是本書最主要的希望；而其展開則是首先對所理解的莊學作一基本的勾畫，然後進而論《莊子》藝術觀念的幾個主要方面。鑑於本書論述的特殊取向，在本導言部分將主要思路作一通釋，並對本書中相關的一些觀點和學術態度作一詮說。

貳、思想作爲傳統

思想的存在形式就是不斷地爲人所思。思想只有在思想傳統中才是有生命力的，這或許是觀念與事實在形態上的主要區別。一個觀念如若沒有在思想中激起反響，它便趨於死亡，其存在的意義便爲零。而事實性存在，其存在本身就成爲其存在的意義。每一個語詞都代表著一個觀念，當此觀念在傳統中無法沿續，這一語詞成爲完全不具生命的存在，它不具備「意思」（meaning），也就毫無「意義」（significance）可言。事實性的存在則相反，即使它對後代完全不可解，它仍是有「意義」的，這「意義」就在它曾存在。事實性的存在是可以證實，也可以證僞的，而思想觀念的證實、證僞在性質、程度上都與前者不同。對事實的僞證，對於事實毫無價值，對觀念的僞證，對於觀念也具有延展存在的價值。也就是在這個意義上，思想必是思想史中的思想。眞正的思想必能長久地存在、延續於觀念的長鏈中，儒、道是一傳統，而柏拉圖、亞里士多德、康德也不斷爲人詮釋。

對思想作爲一個連續性鏈子的認知，應該說包括了兩個方面，其一是思想內部的聯繫，一個思想家或一派思想觀念，必有其核心及由此核心而衍發的邏輯結構。其二是此一思想與前代及同時代的相互關係，每一思想觀念與其前代及同代的其他思想線索必處在一種對話狀態，或者是明顯的，或者是隱含的。就思想內部而言，康德《純粹理性批判》、《實踐理性批判》、《判斷力批判》之間的關係對把握康德思想的重要性是西方哲學史上極爲典型的。而就莊學而言，其「道」論或「天」論是其思想的核心，《齊物論》中顯示的辯才只是這一主體思想的補說，而決不可倒看。就思想間關係而言，顯見的如戰國百家之爭鳴，現代薩特與列維·斯特勞斯的辯難；隱含的如漢魏之際興盛的玄學中內在的名學辨析，近代費希特之脫出康德思想與謝林之脫出費希特思想。這種對話可以是對抗性的，也可是承繼性的。後者如科學哲學所言「範式」或知識社會學所謂「知識共同體」；而前者或平和如朱陸鵝湖會議，或激烈如維特根斯坦以火鉗對波普爾。

對一種觀念、一種思想的判別都具有一個特定的語境，將它們置於特定的比照結構中才會有恰當的結論。以《老》、《莊》而言，《莊》較《老》更重視個體的存在。《老》中「靜」、「反」之類概念貫通天、人，往往以一辭直接運用於自然界、人世（參附錄一第二節《老》、《莊》比較部分），「天地不仁」和「聖人不仁」是性質相同的（此一偏頗，錢鍾書《管錐編》第二冊「《老子》王弼注」第四則已指清）。而《莊》則突出了「性」的概念，「天」之特質在萬物落實於「性」中，因而其所謂順「天」即以不失「性」爲實現的條件，這就突出了「天」之「性」能現實地存在的依據：萬物之個體，在「人」即「人」的個體存在。然而同樣是此「性」的原故，在與《易傳》、《文心雕龍・原道》所構成的「天」、「人」、「文」的藝術生成模式比較中，《莊》的「天」、「性」取向則削弱了作爲個體的人的作用（參第三章），因爲「天」之特質直接體現於作爲藝術成品的「物」性之中而不受「人」之影響是更爲本眞的。這也就是說在不同的論題中，在不同的比照結構中，對同一對象可能作出就文辭來看完全對立的結論，同時這也突出了將思想觀念置於思想體系內部或思想線索之間予以考慮的重要性。

叁、敍述與材料

正是基於對觀念、思想的特定語境的注意，本書對莊學及其藝論的分析寧願採取較爲細緻、切近的方式，在梳理中見出所理解的莊學的主導精神，而不是立足於某一特定的現代思想立場予以統論。採取一種特定的現代立場去剖判思想傳統並非沒有意義，但它是另一方面的，即思想傳統成爲一種可資取捨的片斷的思想素材，所得的結論對處於思想傳統中的思想並不是切當的，只對評斷者特定的學術目標有益。對《齊物論》「相對主義」的結論就是如此。《齊物論》體現了「相對主義」是否是莊學的本質特點，它與莊學主體思想究竟有無關係？還是對莊學只是一種表象的觀察而對評論者特定的比如研究認識論的目的有用？至少可以肯定《莊子》是有「眞知」的概念的，也並沒有一概否定差異性（對《齊物論》討論見下節）。立足於現代立場的偏差根本在於以彼種很難有契合可能的思路來評判此一思想線索，因而增加的只是彼種的思想成果，而對此種思想線索只有遮蔽而無彰明，在這一點上，可以解說以上所述並非要排斥思想的參合比照以解釋觀念的方式，因爲本書只想強調，以思想傳統爲詮釋背景的方式來延展其中的思想、觀念，不多也不少。不少，因爲沒有思想傳統的比照結構，某一思想是不能被切近理解的，事實上本書在某些方面深受玄學的啓發，個人相信沒有一種對《莊子》的注說可以與郭象注置於同一層面，不僅因歷史的影響性，更因眞正的思想性。不多，因爲超越其本身的思想線索而置於另一完全不同的思想背景中，不是注意了思想間的相互關聯性，而正是割裂了這種聯繫。

本書之所以採取置莊學觀念、思想於其思想傳統背景中作較細而切近的詮說，還因爲在根本上這是爲論說莊學而非論說自己的觀點而寫的。因爲沒有這一點，盡可以對《莊子》在內的古代典籍作適合己意的充分發揮。這在古代有「我注六經」和「六經注我」的差別，現代馮友蘭有「照著講」、「接著講」的區別（《論民族哲學》），前者是思想史的分析，後者是思想的闡發，馮友蘭因前者而有《中國哲學史》，因後者而有《新理學》。當然，一切的「照著講」也必有「接著講」的理解因素，而一切的「接著講」也必以「照著講」爲取捨的基礎。詮說、梳理也並非全無一己之見解，郭象之「適性」就較以往更顯豁，本書「天」、「性」貫通莊學內在脈絡，自信也是可以成立的。

在思想傳統的背景下來詮說觀念、思想，這本身就是一種處理史料的方式。因爲如前所說，思想、觀念與事實性存在之間存在著差別。對於一具體的史實所做的基本工作就是證實之或予以證僞。這就是考訂其「意思」，無論其「意思」怎樣，其「意義」都是可以把握的：其一它曾存在，其二它的「意義」可由其他史實予以估計。而思想史料的「意思」、「意義」間有著更爲緊密的聯繫。一種觀念的「意思」、祇有在一系列思想背景所構成的它的「意義」的映照下才會更清晰的呈現，而沒有對此「意思」的認識，則其整個「意義」可能是一黯然不見的盲點。觀念史、思想史更須兩者的互詮。在思想傳統所彰顯的「意義」下來處理某一觀念、思想，這時「考據」與「義理」是兼而爲一的。更爲複雜的是，思想史料同樣有文獻學上一般性的難點，這與思想史料的特殊性相結合，使尤其如先秦思想史料是否可能清晰地考訂都成爲疑問。

以《莊子》一書而言，其「道」論與《老子》「道論」之間的異同本身就是一個極其複雜的問題。「道」論無疑是《老子》中最爲核心的部分，《莊子》中亦頗有與《老子》「道」論相類同的文字。但「道」只是「虛位」而非「定名」。莊學之「道」與老學之「道」並不盡同，本書認爲《莊子》在觀念史、思想史上的突出貢獻並不在對老學「道」論的推進。先秦古籍大都經漢人的整理，《莊子》一書的集成迄今未能有所定論，其觀念、思想與各家相通者不計其數。即如《大宗師》論「道有情有信，無爲無形，可傳而不可受，可得而不可見，自本自根，未有天地，自古以固存」，是以「道」爲「本」「根」，而《天地》稱「德兼於道，道兼於天」，以「天」爲究竟根本。「天」耶？「道」耶？從思想分析上難以定論，而從史料文獻角度也不必然可分清。對這樣一部成書過程與諸如《論語》、《孟子》、《荀子》、《韓非子》、《呂氏春秋》等先秦著作都不同的典籍，事實上要作較爲嚴格的定性、定量處理是困難的。這樣可行的辦法或許是在思想線索中把握其基本的觀念系列，凡可以與此相佐證的皆取以爲資，倘有與之相對立的亦不必執著，因爲其書本身就不是嚴格纂集而成的。這一事實並非特別不可理解。《文史通義．言公》已明言古人著作之體例未必言必出己，即後代亦有此類情況。如用《莊子．天運》黃帝張《咸池》之樂於洞庭之野的典實，《後山詩話》

云：「余評李白詩，如張樂於洞庭之野，無首無尾，不主故常，非墨士槧人所可擬議」。此語實出黃庭堅《題李白詩草後》，胡仔《苕溪漁隱叢話》前集卷六已指明。倘不明白如《後山詩話》之類書的體例，以爲出自陳師道自是誤會了。因而清理思想線索，指出其承諸於前代及所創新之處，倒反是更爲可靠的。呂西安・戈爾德曼曾爲類型處理的優點舉過一個很有說服力的例子。他說過，要判定具體一個人的壽命是很困難的，而估計出某一時代某一社會條件下人們的基本壽命則可以是很準確的。《莊子》中關於「氣」的觀念在《管子》、《呂氏春秋》等的比照下，就比較易於把握了，它們基本就是一種觀念的各異表達。

只要能把握住共同的觀念原型，突顯出爲各種思想個體所共同執守的思想核心，對各別觀念、思想的處理是可以達到可靠目標的。這個思想核心對執守它的各種思想潮流來說往往是自明的前提，從而構成後代觀察時的「盲點」。能揭示此一「盲點」的實質，許多散亂的觀念便能貫通明徹。

肆、莊學之精神

柏格森《哲學的直覺》指出哲學家往往執著地圍繞著一個觀察中心思考，終身不渝，即使未必說透說清了。莊學的中心實是「天」，從《荀子・解蔽》「蔽於天而不知人」到孫隘堪「余以諸子之書各有一二字爲其宗旨所在，《莊子》之宗旨在天」（王蘧常《諸子學派要詮・荀子解蔽》注九引）都曾言及。

「天」是莊學的核心觀念，自然牽涉及到對莊學「道」論的估計。「道」論是《老子》的核心，在《莊子》中亦具有很重要的地位，歷來以老、莊爲道家。但也不能不注意到，「道家」一名與「儒」、「墨」之類不同，是秦漢之際逐漸流行的概念，在現今所見先秦典籍中未嘗有「道家」觀念的出現。所謂「道家」在學術史上首先由司馬談作了概括，而後其文獻在劉氏父子到班固「考鏡源流，辨章學術」的目錄學著作中得到了整理。歸屬於「道家」名目下的思想豐富而複雜，學術史的梳理決非僅止於此一程度即可結束。胡適以「司馬談所謂道家，即是《漢書》所謂雜家」（《中國中古思想史長編》），是非常尖銳的看法，如《呂氏春秋》、《淮南子》與《莊子》中互見而可參證者甚多，許多思想與今馬王堆出土帛書《老子》乙本前抄古佚書爲唐蘭擬爲《黃帝四經》者並無多少差別。古代學術史的工作有其特定的學術依據，「道家」一名的設定有所彰明亦同時有所遮蔽，對其意義和價值應有妥當的估計。本書認爲古時學術爲天下公器，如章學誠所謂「言公」，亦即《莊子・天下》所謂各家對某一學說「聞其風而說之」，承其緒統而申說不已，更加發揮。此爲通例，因而方有孔子的「述而不作」。莊學中對「道」論有頗多申論，但較之老學並未見得有眞正的突破，視之爲「述」而發揮之，或許更爲合適。莊學在思想史上的突出貢獻並非對老學「道」論的推進而在對「天」的提升，在《莊子》中，「道」、「天」有時就是相關聯而溝通的。《德充符》：「道與之貌，天與之形」，「形」「貌」同一，「道」「天」相通；《天道》：「天地固有常矣，日月固有明矣，星辰固有列矣，禽獸固有群矣，樹木固有立矣……循道而趨已，至矣」，此「道」實即「自然」的「天」義。

據文字學和上古史的學術見解，「天」是周人之至上神，這一觀念上溯即殷人之「帝」，前當更有遠古的觀念原型，是爲原始宗教信仰之神。天人關係是古代宗教信仰的核心結構，它對於上古的人群是現實的、歷史的。這一層面因子長久地存在於古代思想中，從孔子「天生德於予」到朱子「天降生民則莫不與之以仁義禮智之性矣」，皆如是。《莊子》中亦多有此「天」義，是即「天」作爲主宰的有意志的神格的一面。另一方面，以《老子》爲突出代表，古代思想將「天」作爲與「地」對舉的物質之「天」，此「天」對於當時人們來說亦是現實的，只是在宇宙論的領域而非宗教信仰方面。莊學的突破處，在將《老子》中隱約的「自然」的內涵（二五章，「人法地，地法天，天法道，道法自然」）作了充分的闡發，由宗教的到宇宙論的「天」在這裡達到哲學的高度：「自然」。莊學這一意義的「天」與原始宗教之「天」的區別在後者是具有神格的，而它與老學之「天」的區別在一爲狀態的，一爲實體的。實體的「天」是現實的、宇宙論的，而狀態的「天」是邏輯的、哲學的。莊學「天」爲「自然」就萬物運動而言是指自然而然的運作，即「自化」，就物體本身而言即本然、本眞的，即「樸」。思想史學者普遍注意到莊學對「天」、「人」對立的突出，認爲其內含的是「天然」與「人爲」的對立。所謂「天然」、「人爲」就是抽象的，指向性狀、狀態的，事實上，這也就是莊學實現了「天」的狀態化觀念的突破後的結果。

「天」的「自然」狀態之義，是邏輯的、抽象的，它在萬物中得到呈現，但它又不就是實體性地存在於萬物之中。這亦是中國古典思想中「道」、「器」結構的基本特徵。依照莊學，「天」在萬物中的落實處即萬物之「性」。《莊子·天地》「泰初有無」一節以古典術語明晰地指出了這一點：萬有之本源本體衍化萬物，由「無」而「有」，是爲「一」；「德」是萬物個體所「得」於本源、本體者，即表示從「道」到「器」、「物」的生成過程，亦表示是萬物於本源、本體之所得，在後一層意義上，此「所得」在物之個體中即「性」；「德」、「性」相通，《莊子》中不乏其例（《駢拇》、《在宥》等），迄今仍有「德性」連屬的說法。《天地》對「道」、「德」、「性」的說解是從生成的次第講的，同時也可理解爲本末、本體現象的邏輯秩序。「天」落實於「物」「性」，才得到現實的呈現，而「性」以「天」

爲皈依，也就是自然之「性」，它超於「善」、「惡」。《孟子》亦言及「性善」得於天，但遠不及此處之嚴整。在古代典籍中如此明晰、集中地論述「道」、「物」關係的是少見的。

本書高度重視《莊子》中「性」的觀念，首先這表明莊學與中國古典思想模式的深刻關聯：「性」在先秦儒家思想中有重要的地位，《孟子》「盡心」、「知性」、「知天」（《盡心上》）就直接導出了宋明理學的思緒；「性」在兩漢從董仲舒到王充的著作中也都有反映，「佛性」問題是佛學一大論題；而宋明理學的一大初源就是李翺的「復性」論。這種關聯是値得討論的。其次，就莊學而言，「性」是極爲關鍵的一個範疇，其主張「無爲」的治世方式，批評儒家仁義學說乃至個人的修養身心都是以「性」爲歸結點的。「天」、「性」的貫通，是一線索，可使莊學主體思想和種種衍生的論點相鈎連。就「天」、「人」關係而言，要去「人」近「天」即排除「人爲」達到「自然」，在實踐上莊學所強調的就是不失其「性」，能執守自然的本性，就當然地可達到「自然」。從中正可看出「天」落實於「性」，而「性」體現了「天」。故此，「天」、「性」的線索是莊學內在的重要理路，這在分析莊學關於本原性藝術特質時也會得到再一次證實。

莊學將現實的宗教的「天」「人」關係提升爲邏輯的、哲學的天人關係，是其在哲學史上的最主要貢獻，但這未必即是莊學全部的甚至最主要思想，這也就是上述的「意思」、「

意義」間不必全同。莊學對於生宰性的意志之「天」並未全然拋卻。在上面的所引的「道」、「天」相通的兩個例子中，《德充符》和《天道》似乎正代表著莊學之「天」的兩個方面。莊學的許多頗具神秘性的觀念亦應向其所保留的主宰性意志之「天」這一方面找尋根由。即以「天」的「自然」這一方面而言，說「天」是「自然」「本然」之義，是從理性化的清晰程度說的，就像《老子》以「水」等爲其「柔弱勝剛強」的「反者道之動」的象徵，《莊子》亦是觀念與現象兼融，其「天」爲「自然」的現象象徵即是「渾沌」，渾沌是不可離析的（《應帝王》）。「天」「人」對立的解決在觀念形態上說即去除「人爲」依乎「自然」，在現象象徵方面而言即執守「渾沌」，與之同一。此與「渾沌」同一的觀念和向「天」這一生成本原返歸的傾向是相互纏結的，也就是說莊學在某一特定向度上可達到高度的理性清晰程度，而其整個思想結構中，中國古典思想模式仍是基本的制約性因素。或許可以說，這是莊學思想的主體重心，而「天」爲「自然」是其哲學史上最突出的貢獻。

這種兩重性亦體現於《齊物論》。《齊物論》是《莊子》中非常典型地體現了莊學多面性的一篇。偏執於哪一方面都不能說把握了作爲整體的莊學，首先就不能認明莊學的主幹。《莊子·天下》標莊周之學「獨與天地精神往來，而不傲倪於萬物，不譴是非，以與世俗處」，所謂「與天地精神往來」即與「天」相結合，《齊物論》「天地與我並生，而萬物與我爲一」

即言此義。開篇南郭子綦「隱几而坐，仰天而噓，嗒焉似喪其耦」，自稱「吾喪我」，即去已；篇末「蝴蝶夢」，申明物我兩忘，物化自由的境界，都是講去「人」合「天」的思想。通常所重視的相對觀念實則都是對此中心觀點的補說。此見「天地與我並生，而萬物與我爲一」之後的文字即明：「既已爲一矣，且得有言乎？既已謂之一矣，且得無言乎？一與言爲二，二與一爲三，自此以往，巧歷不能得，而況其凡乎？」即說與本體合一是非名言所可模擬的，一再累加名言於本體，將紛繁不可理，而與本體一無關係。也就是說，本體和人之名言所代表的知性是相互隔絕的，名言無當於本體，猶如康德之所謂「物自體」和「現象界」是隔絕的，「現象界」決不等同於「物自體」。由此可知，《齊物論》在莊學整體中主要講本體與人之知性的關係，而結論是本體是完全超乎名言的把握之外的。這決定了《齊物論》一篇不能成爲莊學的主幹，而只能是一補說。

然而問題在於莊學對此結論的申說，原也是運用名言、知性的。《齊物論》所謂「一與言爲二」之類實是名學論題。《天下》論名學有「雞三足」、「犬可以爲羊」二題。前者見《公孫龍子．通變論》：「雞足一，數足二，二而一，故三」，所謂「雞足一」即是統稱的名言，「數足二」是實體二足之數，相合爲「三」，《齊物論》「一與言爲二」與此正相同。對名言的不可信賴是《齊物論》一再論說的，各是其是，各非其非，無從定奪。這正見於「

犬可以爲羊」的命題，司馬彪注曰：「名以名物，非物也。犬羊之名非犬羊也，非羊可以名爲羊，則犬可以名羊。這一名實之辯是中國式的對「能指」、「所指」結合方式的思考。《莊子》之運用名學是很重要的一個特徵，就《齊物論》來看，正如馮友蘭所說，老學和莊學之間隔著一個名學階段。這一點《莊子》本文也是有所顯示的，《至樂》「莊子適楚見髑髏」一節，「髑髏見夢」時說「子之談者似辯士」，這似乎是《莊子》本文中對莊子其人唯一的一個關於學術形象的名號。從思想史上看，以名辯來詮說本體之不可把握，在《齊物論》之後有王弼之解《老子》之「道」論（主要在《老子指略》中）。名學是玄學內在的學術背景，個人以爲「校練名理」不僅在於實際政治，也內在化於學術思想中。

《莊子．齊物論》運用名學之辯來論述本體超乎知性的名言之把握，本身就是一「弔詭」，這是知性本身的「弔詭」。《齊物論》中運用得極爲透闢的關於名言相對性的辯論，往往爲人認爲是相對主義，對它的反詰往往以名實比較提出。個人以爲這並沒有把握《齊物論》的思路。《齊物論》實可離析爲兩個層次，其一即上述本體與知性之名言隔絕的論題，指出名言根本無法表達本體；其二也較低一層是說即使以名言予以表達，決不會有實際的成果，只有是非之類各執一偏的爭執，這基本是運用全體與部分的邏輯關係予以闡說，這就是通常被指爲相對主義的《齊物論》對執於一偏的是非的否定。然而這種所謂「相對主義」是在第一個層次以爲本體與名言不契合的前提下展開的，這時所有的名言都是片面的，自然無所謂是非，可見第二個層次是對第一個層次的補說。所以眞正的關鍵不在表面上《齊物論》否定了人的知性範圍裡的是非，而在本體與名言隔絕的論題是否成立。上文對此已經指出莊學對此以名言詮說，本身就是一個深刻的矛盾。無論對《齊物論》此一思想的評價如何，本文認爲它極其明智地指出了人的知性的有限性，顯示了智者的謙抑態度。《齊物論》最爲積極的成果正是以此謙抑的態度提出了一個知性範圍的問題，「知止其所不知，至矣」。《莊子》將「道」之本體劃於此範圍之外，恰是予以肯定，使「渾沌」不爲知性鑿開，保護其本然。維特根斯坦劃定可說與不可說之界限，「凡不能言說者，應保持沈默」（《邏輯哲學論》）。其目的與分析哲學不同，是爲形而上學保留一片天地。或許《莊子．齊物論》對本體、名言關係的論述也可作這樣的理會：對名言的否定，是對本體的肯定。

伍、「天」之視野中的「藝」「文」

《莊子》的藝論與其主體思想緊密相關。事實上，《莊子》並沒有有意識地去發表關於「藝」、「文」、「美」的系統化思想，它對今之所謂「藝」、「文」的議論都立足於其思想的主體觀念，這是《莊子》「文」、「藝」論的根本起源。

莊學的主體觀念就是「天」，就萬物運動的方面言，是自然的生成和運作；就萬物之本身性狀而言是本然，本眞的。這兩個特徵在莊學理想中的本原性藝術中都得到了較充分的表現，也就是說莊學認爲藝術本質應是「自然」的。將「自然」理解爲一種狀態是莊學在哲學上的突破，但它同時也並沒有與傳統的觀念完全隔斷。「天」作爲萬物之源始，也是「藝」、「文」的源始，這也是中國傳統思想的觀念。從此點而言，離「天」、「道」無「藝」、「文」可言，眞正的「藝」、「文」不過是「天」、「道」的呈現者。因而本文相信將莊學歸本爲美學的思路是逆轉的，不可以美學爲莊學定性，只可以莊學去規範，把握其「藝」、「文」論。

「藝」、「文」是「天」、「道」的呈現，這實際是中國藝術思想共通的觀念。值得注意的是這種生成論兼本質論（歷史與邏輯統一）的觀點在莊學和其他學說間不同的具體展開過程，由此可見出各家思想的內在特點。以《易傳》爲代表的一系列思想，建構了「天」、「人」、「文」的藝術生成模式，它肯定了「文」是「天」的顯現，同時強調了「人」的中介作用，這在《文心雕龍．原道》中得到最好的表述，它對「人」作爲「天地之心」的突出，使「天」得以呈現於「文」，所謂「道沿聖以垂文」，「聖因文而明道」。莊學則與此不同，所取「天」、「性」的呈現路向與其主體思想的內在脈胳是一致的。雖然也注意到「人」在「天」而「文」生成過程中的作用，但它以爲，首先「天」之「美」高於「人」之「美」，其次即使有「人」的因素也應消滅，順乎自然，這在《知北游》中可清楚地看出：「天地有大美而不言……至人無爲，大聖不作，觀於天地之謂也。」相比較而言，《易傳》一系思想更是「人」的，而莊學的思想傾向「非人」，「天地」「大美」就非人爲的造作而是自然生成。

「大美」在於「天地」，其基點即在於天地之「性」。此「性」體現了「藝」、「文」之「天」、「道」的本源性，從此點而言，「藝」、「文」之「天」性就不是一種外在的非本己的要求，而是一種基本的本質。「性者生之質也」，「性」是存在的原有稟賦，體現在「藝」論中，莊學所講的「自然」就不是一種外在的風格要求而是講「藝」、「文」的質裏。比照《文心雕龍．原道》，兩種觀念在思想結構上是一致的，都是以爲「文」、「美」得自本來的質性，「夫豈外飾」，只是《原道》以龍鳳虎豹、雲霞草木之文采爲「自然」，而莊學以「虛靜恬淡寂寞無爲」爲萬物之本。從生成兼本質的角度來講「藝」、「文」之本原於「天」、「道」，大抵從「天」動一方面著眼，講到「藝」、「文」的質性便主要就其本身而言。莊學基於對天地道德虛靜寂寞的認知，將「藝」、「文」之性界定爲「樸」即未經損傷的原來、本然，與莊學對「天」之形象性的象徵「渾沌」有相通之處。《莊子》一再強調要保持「樸」性，應「無爲」，「無爲」而後能「純」「素」，「純」是「不虧其神」即無所傷損，「素」是「無所與雜」即依然故我。可以說，執守本然，以天然存在至上，是莊學對包括「藝」、「文」在內的事物予以評價的核心觀念。因而，所謂「美」，只有在尊重存在之本然、或曰不失性的前提下才存在，也就是說，「自然」高於「美」，「樸」先於「美」。《天道》中曾區別了「大」與「美」，所謂「大」即「天德而土寧，日月照而四時行，若晝夜之有經，雲行而雨施矣」，此「大」實即「自然」、「天」。篇中稱「美則美矣，而未大矣」，即說「大」高於「美」。《天地》有「百年之木」一節，「樸」爲人破散，或「青黃文之」，或「斷在溝中」，在世俗看來，「美惡有間」，然而《莊子》以爲「失性一也」，即性之本然先於「美」之義。正是在「自然」、「本然」先於「美」的意義上，《天道》講「樸素則天下莫能與之爭美。」

莊學的「藝」、「文」生成過程中，取「天」、「性」的思理，將作爲本源和作爲本質的「大」直接與「美」、「文」之承載實體的內在質「性」相連，顯示了對「人」的因素的排拒。但是「藝」、「文」在人世的實現必不能脫離「人」。在這一「天」、「人」關係中，莊學所取是去「人」合「天」的方向，「天」、「人」之「和」以向「天」的復歸爲指向。

《天運》黃帝張《咸池》之樂於洞庭之野，可稱爲「天樂」（「音樂」之「樂」），正因「調之以自然之命」。要實現這樣的「天樂」，對主體而言要能取得「天樂」（「哀樂」之「樂」），也就是說一種使藝術現實化的主體心境，這種心境是超乎一般意義的哀樂喜怒，也即是要近「天」、和「天」：「與天和者謂之天樂」。「與天和」之結果即「虛靜」：「以虛靜推於天地，通於萬物，此之謂天樂」，因爲「天地之本」便是「虛靜」的。「虛靜」的本旨當從「天」、「人」關係結構中予以把握才能眞切體會其思想的淵源奧秘，才能從根本上理解莊學「虛靜」與藝術創造（在莊學更切當的說法是藝術的生成）中主體心態的關聯，也只有從「合天」的角度才能更好理會「虛靜」與「物化」的溝通。

「虛靜」是古代中國思想中相當普遍的一個觀念。《老子》、《管子》中都以「虛靜」爲天地的基本特性，是一宇宙論的命題，「天曰虛，地曰靜」（《心術上》）。《莊子》以「虛靜」爲「天地之本」即與此相同。通貫「天」、「人」是古代思想家的一般表現，這有兩個方向。其一是以「虛靜」運用於現世的治術，這在《老子》、《管子》《韓非子》、《呂氏春秋》等書中蔚爲大觀，在秦漢政治思想和政治實踐的歷史中產生過重大的現實影響。其二是以「虛靜」運用於主體修養，諸子書中也頗有表達，尤以《莊子》對個體的「人」與「天」相對的「虛靜」修養講得深入。「虛靜」在根本上就是要去除人的知性和欲望，合同於「天」、「道」，這在《莊子》所言「虛靜」修養的方式「心齋」、「坐忘」中都很明了：「唯道集虛，虛者心齋也」，「棄形去知，同於大通」，「倫與物忘，大同於涬溟」。「虛靜」即澄明心靈，去除知欲，莊學於此標舉「忘」，而「忘」之目標亦是「合天」：「忘乎物，忘乎天，其名爲忘己，忘己之人，是之謂入於天」（《天地》）。「合天」的復歸傾向，原亦植根于「天」「人」關係中「天」爲本原的觀念。古時以爲「天」之生「人」，以「氣」以「精」：「人之生，氣之聚也，聚則爲生，散則爲死」（《秋水》），「人」、「天」可通，「通乎天地之一氣」也。主體達到「虛靜」而與天地之精氣相通，便是「人」、「天」合一，獲得了「天樂」。可知「虛靜」並非完全的去除，而是去除了「人」的知、欲，而迎受「天」的精神氣息：「虛其欲，神將來舍」（《管子・心術上》），「氣也者，虛而待物者也，唯道集虛」（《莊子・人間世》）。「合天」、與「道」爲一較爲虛涵，而「精」、「氣」生「物」觀念更爲原始，更賦具象性。與天地之氣相通實亦指與「天」、「道」本原相通，此古代思想多層面兼融的表現。「精」、「氣」既是本原性的，對人之生成所內稟的「精」、「氣」自當保養：「無勞汝形，無搖汝精，乃可以長生……神將守形，形乃長生」（《在宥》）。保養精神即使「性」不受損失，因爲「性」與「精」「神」相關：「形體保神，各有儀則，謂之性」（《天地》），也就是物之「形」、「神」相互保守而具的「儀則」

是爲「性」，如形勞神疲，形神離析則是傷性、失性了。因而保養「精」、「神」、「氣」便是執守於「性」，能守「性」便是「合天」：「其神純粹，其魂不疲，虛無恬淡，乃合天德」（《刻意》）。「虛靜」指向對「天」、「道」、「氣」、「神」的容受，而保養「精」、「氣」是對「天」、「道」本原的固守，所以說兩者是一致的：與「天」之本原一體。也正因爲此，在後來比如《文心雕龍》的文藝思想中，「虛靜」與「養氣」也是相輔相成，互相闡發的。與「天」相合便如「天」之充實，「充實而不可以已」（《天下》），「性修反德，德至同於初，同乃虛，虛乃大」（《天地》）。超越了「人」的局限，也就獲致了明暢自由：「虛室生白」（《人間世》），「宇泰定者，發乎天光，發乎天光者，人見其人，物見其物」（《庚桑楚》）。「合天」而能充實、自由地抒發外現，此時「天」到「文」、「美」的中介「人」的欲、知障礙就打通了，而眞正能順乎「自然」、「天」，去展現藝術成品的「自然」、「天」性。可以說，莊學主體思想中的「虛靜」養生之說在藝術中是定位於藝術生成過程的「天」、「人」之際的，著重在「天」、「人」的感發和應和的溝通這一層面。

以「虛靜」的心靈與「天」相合，澄明、充實而自由，這是藝術心境的構成。「物化」之「心與物化」以「木雞」爲象徵，是爲「德全」（《達生》）。《莊子》中多處言及「德全」、「神全」，也就是指「凝神」。此「凝神」是精神的凝聚、內斂，也就是保養「神」、

「精」、「氣」。在這一點上，「虛靜」、「養氣」、「物化」是可以貫通的。當然此藝術心境對於現實的藝術成品只是一種可能性，將此可能化爲現實，有待於實踐。當此之時，「凝神」亦轉化爲向一外在對象的專一，乃至相與爲一體，從而達到對此一對象自由的表現。應該肯定，這中間是有轉變的，但對外在一特定對象的關注因其與自然之天性的相互體認，也具有了一種超越性，如庖丁解牛之「官知止而神欲行」（《養生主》）就不僅只針對一牛，而是針對著牛之「固理」。當然這與實踐亦是不可分的。

從以上所述及莊學與其「文」、「藝」論的關聯看，莊學從其思想學理而言以「天」爲核心。這對莊學「文」、「藝」觀亦具深刻的影響，可以說是制約性的決定作用。這不僅表現在諸如《莊子》以「自然」爲「藝」、「文」的本質特性之類具體觀點上，而且在其內在的「天」、「性」的思想取向上也是以前者起了規範性的作用，「性」體現「天」的重要性在其先於「美」、高於「美」中也得到充分展示。莊學與古代觀念背景不可離析，「天」、「人」關係是各家思想共有的關鍵結構，《莊子》對「藝」、「文」的論述也緊聯著它。從「藝」、「文」的本原探究上如是，在「虛靜」「合天」的藝術心境論中也是。正是肯定「天」之本源性，故此傾向於消滅人的作爲，正是因爲要讓「天」、「文」無礙地明暢地貫通，故闡發「虛靜」之旨。這些《莊子》「文」、「藝」觀的重要思想都是落實在「天」、「人」

之際的。然而也應注意到，莊學「文」、「藝」論所依托的「天」、「人」關係結構更偏重在與古典思想模式相同的一方面，其哲學突破後抽象化、狀態化的「天」、「人」論似並不居於主導地位。這亦正體現了古代思想多層面疊合的複雜性，或也可佐證特定思想結構中主導性的部分未必是其在思想史背景中最突出的貢獻。

第二章 「天」：莊學之哲學精神

壹、「天」：「自然」狀態

一、「道家」

莊子其人在後代作為道家代表人物，《莊子》一書在《漢書．藝文志》中列於道家之中，這些都有相當的道理，但也不可固執拘泥。先秦典籍評騭學術，始終舉稱個人，如《莊子．天下》、《荀子、非十二子》。學派稱「家」，或出「荀子．解蔽」：「莫賓萌之敝者，亂家也」，而以下所列數亦只墨子至莊子六人而已。以「某家」劃分各學派源流且予以總體論說者當是漢代整齊前代學術的司馬談，其所論列凡陰陽、儒、墨、名、法、道德六家，其中「道德」家在分論部分簡稱「道家」（《史記．太史公自序》）。

「道家」之名始於漢。《史記．陳丞相世家》記陳平言：「我多陰謀，是道家之所禁」；

《齊悼惠王世家》記召平言：「道家之言『當斷不斷，反受其亂』，乃是也」；《禮書》：「孝文好道家之言」等皆是例證。然而此類「道家」實質是對諸子變質（註一）之後形成的黃老之學的概括。《史記・魏其武安侯列傳》：「太后好黃老之言，而魏其武安趙綰王臧等務隆推儒術，貶道家言，是以竇太后滋不說魏其等」，可知「黃老」、「道家」通為一體。召平引稱「道家之言」，今見馬王堆帛書《老子》乙本前《十六經》中（註二），因而此「道家」亦實指「黃老」之學。再看漢人學術史文獻，司馬談稱「道家」「因陰陽之大順，採儒墨之善，撮名法之要」；班固據《七略》成《漢書・藝文志》：「道家者流，蓋出於史官，歷記成敗存亡禍福古今之道，然後知秉要執本，清虛以自守，卑弱以自持，此君人（註三）南面之術也。」

由此更可明了漢人所謂「道家」之學為承《老子》之學發展起來的黃老學（註四）。分析司馬談《論六家要旨》至《漢書・藝文志》之論道家可洞悉漢代學術史中「道家」的形象。（註五）

二、「道」與「天」

明乎「道家」一名之源始與其當時之涵義，可以知曉其學術史之價值與此種價值之相對性。今日所見之先秦典籍及學術莫不經由漢人之整理，這決定了對先秦學術的反省並同時是對一種思想傳統的探討。此一思想傳統對其源始之思想起點或有彰顯遮蔽之差別，對莊學之「道」的研討即是一此類思想路徑。「道」之於莊學無疑是極重要的思想內容，而「道」在先秦時代含義極爲繁雜，在某種意義上實是一空框，是學術系統中的「虛位」而非「定名」。《老子》二十五章：「吾不知其名，字之曰道」，錢鍾書《管錐編》論「名」、「字」之別：「字取有意，名求傳實，意義可了(meaningful)，字之職志也，眞實不虛(truthful)，名之祈嚮也」（第二冊第四〇五頁），「字」不過給予一稱號，「虛位」也。這一層意思韓愈在儒學立場上亦曾揭穿：「博愛之謂仁，行而宜之之謂義，由是而之焉之謂道，足乎己無待於外之謂德。仁與義爲定名，道與德爲虛位」（《原道》）。就莊學而言，「道」之意義實是「天」或「自然」，或者更明確地說，「天」或「自然」是「道」之「定名」，而「道」是「天」或「自然」之「虛位」。

古時「天」、「道」往往合爲一辭，其間轉承或可說明上述「天」、「道」之關係。《說文解字》釋「道」：「所行道也，一達謂之道」，凡具向度之路徑皆可謂「道」，而後哲學性的「道」之提昇必經過了普遍化的過程。《左傳》「昭公十八年」記子產言「天道遠，人道邇」。「天道」在《左傳》、《國語》中皆十餘見，諸子書中《管子》、《老子》、《

莊子》、《呂氏春秋》較多（註六），其中尤具分析價值者爲《老子》。《老子》中多處言及「天道」：

功成身退，天之道。（九章）

不窺牖，見天道。（四七章）

天之道，不爭而善勝。（七三章）

天之道，其猶張弓歟。（七七章）

天之道，損有餘而補不足。（七七章）

天道無親。（七九章）

天之道，利而不害。（八一章）

此類「天道」皆是指陳自然、社會規律，涵有實在具體之內容。《老子》之「道」歷來闡說極紛紜，究其大旨，大抵有三，其一爲本體義：「道沖而用之或不盈，淵兮似萬物之宗」（四章），其二爲本源義：「有物混成，先天地生，寂兮寥兮，獨立而不改，周行而不殆，可以爲天下母」（二五章），「道生一，一生二，二生三，三生萬物」（四二章）；其三爲規律義：「反者道之動」（四十章），上引「天道」之類大抵歸屬此類。「道」之本體與本源二義往往合爲一體，是《老子》哲學之突破處，達到很高的思維程度。究問「天」、「道」

關係，可以見出「道」之根本落實在「天」或「自然」：

> 夫物芸芸，各復歸其根。歸根曰靜，是曰復命，復命曰常，知常曰明。不知常，妄作，凶。知常容，容乃公，公乃王，王乃天，天乃道，道乃久，歿身不殆。（十六章）

此中述萬物歸根返本之運作，即「反者道之動」義。此中「天」即謂具抽象義之「自然」、「天」，非直指自然界之「物質之天」，「天乃道」意謂「自然」即合「道」，最顯明地揭示了「道」之底蘊。與二五章對照：

> 人法地、地法天、天法道，道法自然。

正是同一邏輯順序，此中「天」爲「物質之天」。「自然」爲「自然界」之「自然」狀態，亦即實體「天」之狀態。末兩句正透露「道」由「天」抽出，又以「天」爲本源依據的消息。《莊子》書中所謂「天」、「道」亦大抵依據此兩路徑展開：「道」有規律義，有本體本源同一之義；「天」則兼「自然」義之「天」與「物質之天」。

三、「天」之多義

「天」是古代思想中極重要一概念，馮友蘭嘗謂：「中國文字中所謂『天』有五義：曰物質之天，即與地相對之天。曰主宰之天，即所謂皇天上帝，有人格的天、帝。曰運命之天，乃指人生中吾人所無可奈何者，如孟子所謂『若夫成功則天也』之天是也。曰自然之天，乃指自然之運行，如《荀子・天論》篇所謂之天是也。曰義理之天，乃謂宇宙之最高原理，如《中庸》所說『天命之爲性』之天是也」（《中國哲學史》一編三章三節）。馮說高屋建瓴，雖排比未必得其倫序。要而言之，「天」在古籍中所顯示的意義不過物質自然的和宗教道德的兩種：

問經傳中「天」字，曰：「要人自看得分曉，也有說『蒼蒼』者，也有說『主宰』者，也有單訓『理』時」。（《朱子語類》卷一）

朱子所謂「天」訓「理」是理學家所發揮者，而前兩類概括簡約扼要，對前者言，物質爲實體，自然爲其狀態，對後者而言，宗教爲其體，道德爲其用。

通常以爲「天」之觀念源於古時宗教神性之上帝而首創於周人。郭沫若稱，「凡是殷代的舊有的典籍如果有對至上神稱『天』的地方，都是不能信任的東西」（註七）。殷、周之際，「帝」、「天」交替。《尚書》《大誥》至《立政》十一篇周初文獻中，「天」字一〇六見，「帝」字三三見。（註八）「天」義局限於宗教範圍，「金文中『天』若『皇天』等字樣多見，均視爲至上神，與『天』爲配之『地』，若『后土』等字樣，則絕未有見」（《金文叢考・金文所無考》）。然「天」之物質自然之義起源亦甚早，《易經》有「飛龍在天」（《乾卦》）、

「有隕自天」（《姤卦》）。但由宗教向自然界之轉承的趨向大致可信。以《詩經》爲例，《周頌》爲《詩經》中最早之詩，爲西周初百餘年間作品，《清廟》有「昊天有成命」，《大雅》亦多作於西周前期，《文王》有「天命靡常」，皆爲主宰之天，《豳風》大抵西周時作品，《鴟鴞》有「迨天之未陰雨」，《唐風》時較遲，《綢繆》有「三星在天」，是皆物質自然之天。

四、「天」：主宰意志性

從思想史角度來講，莊子之前，「天」論亦不過兩股潮流，其一宗教道德性的，講「天」之主宰性、意志性。《墨子》論「天」，講「天志」、「天意」，而所順之「天意」是「兼相愛交相利」，實亦移「天」之權威來發揮自己的道德觀念。《論語》中單講「天」的十餘處（天下、天子、天命等在外），孔子大抵也是講的有意志的主宰之天，「獲罪於天，無所禱也」（《八佾》）之類固不必說，即《陽貨》一章：

子曰：「予欲無言」子貢曰：「子如不言，則小子何述焉？」子曰：「天何言哉？四時行焉，百物生焉，天何言哉」（註九）

王弼始即謂「天」爲「物質自然」之「天」，皇侃《論語義疏》引王弼：

修本廢言，則天而行化，以淳而觀，則天地之心見於不言。寒暑代序，則不言之令行乎四時，天豈淳淳者哉？

近代以來學者多引此節，以爲孔子有「自然物質」之「天」觀念的論據，然而仔細推考，未必盡然。比照《孟子・萬章上》：

萬章曰：「堯以天下與舜，有諸？」孟子曰：「否，天子不能以天下與人」。「然則舜有天下也，孰與之？」曰：「天與之。」「天與之者，諄諄然命之乎？」曰：「否。天不言，以行與事示之而已矣。」

《論語》、《孟子》兩節之「天」當是相類同的，可見《陽貨》章之「天」仍具意志和主宰性。《泰伯》有：

子曰：「大哉堯之爲君也！巍巍乎！唯天爲大，唯堯則之。蕩蕩乎，民無能名焉。」

此「天」字，張岱年指稱爲「乃指廣大的蒼蒼之天」（《中國古典哲學概念範疇要論》頁二十）。其實就其詮釋過程看亦是一衍進的結果。《論衡・自然》：「堯則天而行，不作功邀名，無爲之化自成。故曰：『蕩蕩乎，民無能名焉』。」尚不明晰。王弼曰：「聖人有則天之德，所以稱『唯堯則之』者，唯堯於時全則天之道也……則天成化，道同自然」（皇侃《論語義疏》引）。至朱熹直解曰：「物之高大，莫有過於天者，而獨堯之德能與之三準，故其德之廣遠，亦如天之不可以言語形容也」（《論語集注》卷四）。《論語》中無疑問之「物質自然」之「天」見《子張》中子貢贊美孔子語：「夫子之不可及也，猶天之不可階而升也」，然非孔子自道。

五、「天」：物質性

其二，「天」爲物質自然之「天」。代表即爲《老子》。「有物混成，先天地生」，（二五章）此「天地」，《老子》十餘見。「天地」之「天」，是「物質」之「天」；「人法地，地法天，天法道，道法自然」（同上），又暗示了「天」之「自然」狀態一層義。《莊子》中「天」實爲最重要的概念。王蘧常《先秦諸子學派要詮》注《荀子・解蔽》「蔽於天而不知人」句，引「孫隘堪先生曰：余以諸子之書各有一二字爲其宗旨所在，《莊子》之宗旨在天」。《莊子》書中「天」遠多於「道」，（註一〇）前述「天」、「道」間「定名」、「虛位」之關係，莊學概莫能外。《德充符》記莊子之言：「道與之貌，天與之形，惡得不謂之人？」「形」、「貌」爲一，則「天」、「道」相通，斷無疑義。

《莊子》書「天」義非一。主宰意志之「天」，如《德充符》論及孔子一節。

老聃曰：「胡不直使彼以死生爲一條，以可不可爲一貫者，解其桎梏，其可乎？」無跐曰：「天刑之，安可解。」

自然物質之「天」，如《逍遙遊》：「其翼若垂天之雲」，「天之蒼蒼，其正（註一二）色邪？」《齊物論》：「天地與我並生，而萬物與我爲一」等皆是其證，書中「天地」並舉甚多，皆屬此義類。

六、「天」：狀態性的「自然」

《莊子》中「天」突過前人處在於對「自然物質」之「天」的提升。《老子》主要將主宰性的意志之「天」向實體性的「物質」之「天」推移，而《莊子》則將《老子》表「自然」狀態性的「天」作了更進一步的推衍，成爲莊學最光彩的思想成果。

「天」義爲「天然」，指自然而然之狀態，這實是對於「主宰意志」之「天」的取消，指萬物之根本性狀即是自然而然，其發生無有初始，其運作不待他物之決定。王叔岷輯《莊子佚文》（《莊子校釋》附錄）有「天即自然」一語，柳宗元《天爵論》：「莊周言天曰自然，吾取之」。「天」與「自然」同時出現今本《莊子》中如：

《天運》：「夫至樂者，先應之以人事，順之以天理，行之以五德，應之以自然」。

《漁父》：「眞者所以受於天也，自然不可易也。」

郭象注《莊》，往往以「天」、「自然」通釋，《齊物論注》「而使其自己也」句：「自己而然，則謂之天然」；《大宗師注》「知天之所爲者，天而生也」句：「天者，自然之謂也」；《山木注》：「有人，天也」句：「凡所謂天，皆明不爲而自然」。或許，「天」與「自然」等同的觀念是莊學思想漸漸突出的主題，但無疑莊學中內含著這一重要的思想核心。上引《天運》「順之以天理……應之以自然」尤可見出「自然」即爲「天理」，「順」「應」「自然」「天理」，可臻「至樂」的思想；《老》、《莊》皆以爲天然不可違逆，唯有順應可免徒勞。「天理」一詞，《莊子》書中凡五見，皆可釋爲「自然」理則，餘四處爲：

《養生主》：「依乎天理，批大隙，道大窾，因其固然」。

《刻意》：「去知與故，循天之理。」

《盜跖》：「無爲君子，從天之理。」

《漁父》：「同類相從，同聲相應，固天之理也。」

此「天理」之「天」皆非「主宰意志」或「自然物質」之義，而爲更經提升的「自然而然」之義。《天地》有「無爲爲之之謂天」、《繕性》有「莫之爲而常自然」，皆申說順應固然理則不妄爲以致違背它的道理，此「天」、「自然」顯然亦是同義。（註一二）

「自然」一義本非無源之流，《老子》中「自然」已多見，其最要者當是二五章「道法自然」一句，張岱年先生論之最切：

前人多解「自然」爲一名詞，謂道取法於自然，此大誤。自然二字，《老子》書中數用之，如「功成事遂，百姓皆謂我自然」、「希言自然」、「道之尊，德之貴，莫之命而常自然。」所謂「自然」皆係自己如爾之意，非一專名。此處當亦同，不得視爲一名詞，其意謂道更無所取法。道之法是其自己如此。（《中國哲學大綱》頁一八）

其實張先生未引之六四章「輔萬物之自然不敢爲」最見出「自然」的「自己如爾」之意，該句即《莊子》：「無爲爲之之謂天」、「莫之爲而常自然」。《莊子》「自然」是「自己如爾」之義，見《德充符》：「吾所謂無情者，言人之不以好惡內傷其身，常因自然而不益生也」，《應帝王》：「游心於淡，合氣於漠，順物自然而無容私焉，而天下治矣」，可無疑義。「天」之「自己如爾」即取消了「主宰意志」之「天」，而於「物質自然」之「天」亦是一抽象，猶如《老子》之「水」非僅爲物質界之「水」，而成爲「柔弱勝剛強」之代表象徵。「天」或「自然」即是莊學對宇宙諸有性狀的總概括、總定論。「自然」就其性狀是「自己如爾」或「本然」，就其運化是「自化」，其依據即其「自性」，「性」得於「道」（見下文析《天地》「泰初有無」一節），而此「道」無它，「本然」「自化」而已。

「自然」「自化」之義最爲顯達的即是《齊物論》論「天籟」一節「天籟者，吹萬不同，而使自己也，咸其自取，怒者其誰邪？」「使其自己」、「咸其自取」即「自性」造成，不可究詰。《天道》：「天地固有常矣，日月固有明矣，星辰固有列矣，禽獸固有群矣，樹木固有立矣……循道而趨已至矣」；《秋水》：「物之生也，若驟若馳，無動而不變，無時而不移，何爲乎？何不爲乎？夫固將自化」；《田子方》：「夫水之於溝也，無爲而才自然矣……若天之自高，地之自厚，日月之自明」；《知北游》：「天不得不高，地不得不廣，日月不得不行，萬物不得不昌，此其道歟！」各節都是說物質界萬物之生成、存在皆出於固有之理則（「固」、「自」）、必然（「不得不」）呈現（「自化」）。就物之各別言是其自性作用之結果，統合而言，則是「自然」之個例而已。《莊子》多言「物化」，上引《秋水》所言即是。「物化」即變遷，此變遷之內在原則即是「自然」或「天」。《刻意》：「聖人之生也天行，其死也物化，靜則與陰同德，動則與陽同波」（《天道》同），論生死爲「天行」、「物化」，正見出兩者關聯的消息。

上引《天道》、《知北游》皆言及「道」，可見莊學之「道」與「自然」或「天」相通處，試再述說之。《齊物論》：

道行之而成，物謂之而然……莛與楹，厲與西施，恢詭譎怪，道通爲一。其分也，成也；其成也，毀也。凡物無成與毀，復通爲一。唯達者知通爲一，爲是不用而寓諸庸，因是已，已而不知其然，謂之道。

《齊物論》著力在人類認識問題，此節實對「物論」各有「可」、「然」而發，以爲執於一偏，囿於主體間爭辯，不得客體對象之實，最終應當泯是非，絕「然」「可」是非之辨。首先，預設「道」、「物」客體的「一」，主體言行之介入後始有「分」：「行」之有「道」，「謂」之有「物」，是爲「成」，此是主體介入之後的「成」，實則此對客體之「道」、「物」是「毀」（註一三），如下文「是非之彰也，道之所以虧也」，「彰」即「成」、「虧」即「毀」。「道通爲一」、「物無成與毀」是其本然之情狀，「達者」知曉此一主客分際，因而僅依順客體對象而「不知其然」，此即「道」（註一四）。細繹此節三「道」字可見其提升過程。

「道行之而成」之「道」是「道路」義；「道通爲一」之「道」則具抽象義，但義理不明晰，「已而不知其然謂之道」之「道」可知是因順而讓它自然呈示之義。排斥主體言行對宇宙本然的干擾，讓它自然呈現其本眞，此「道」即「莫之爲而常自然」也（《繕性》）。

七、「天」與「人」

明乎《莊子》「天」爲「自然」之義，始可進而了解莊學突出「天」、「人」關係的實質。以往「天道遠，人道邇」之類「天」、「人」對說並無思想深度，不過表現一種觀念態度。莊學言「天」、「人」對立，實是講自然與人爲之分野。

莊學以爲「人」之於「天」相分別，《養生主》：

公文軒見右師而驚曰：「是何人也？惡乎介也？天與，其人與？」曰：「天也，非人也。天之生是使獨也，人之貌有與也。以是知其天也，非人也。」

這是寓言，不必深究，但其間「天」、「人」別異極爲明徹，《大宗師》論「畸人」：「畸於人而侔於天，故曰：天之小人，人之君子，天之君子，人之小人也。」此「天」、「人」尚有涉於實際、未盡免於物質對象。《德充符》對此類「天」「人」分別有詳明的分析：

聖人不謀，惡用知？不斲，惡用膠？無喪，惡用德？不貨，惡用商？四者，天鬻也。天鬻者，天食也。既受食於天，又惡用人？有人之形，無人之情。有人之形，故群於人，無人之情，故是非不得於身。渺乎小哉，所以屬於人也；謷乎大哉，獨成其天。

「用知」、「用膠」「用德」、「用商」皆是人算機巧而非「自然」。作爲「自然」的人，這裡提出了「有人之形，無人之情」的命題。「情」有「實」、「情感」兩義，此節中「情」似可解爲與外形對立之內容，但參考其後的文字，知此「情」實講「情感」：

> 惠子謂莊子曰：「人故無情乎？」莊子曰：「然」。惠子曰：「人而無情，何以謂之人？」莊子曰：「道與之貌、天與之形，惡得不謂之人？」惠子曰：「既謂之人，惡得無情？」莊子曰：「是非吾所謂情也。吾所謂無情者，言人之不以好惡内傷其身，常因自然而不益生也。」

此節承上節講「有人之形，無人之情」，重在下句。所謂「無情」是哀樂不入於心的意思，《莊子》書中多見，是莊學講主體修養的目標。《大宗師》：「造適不及笑，獻笑不及排，安排而去化，乃入於寥天一」，《達生》：「夫形全精復，與天爲一」。（「復」「全」皆是莊學重要概念，復性、反性、德全、神全等等。）

最爲透徹地闡說了「自然」、「人爲」關係的當是《秋水》一節，此中「天」、「人」之意義，不拘於實體而具超越、抽象意義：

> 河伯曰：「何謂天？何謂人？」北海若曰：「牛馬四足，是謂天；落馬首、穿牛鼻，是謂人。故曰：無以人滅天，無以故滅命，無以得殉名。謹守而勿失，是謂反其眞。」

「牛馬四足」是其本然，即「天」，而加以治理籠絡則違其本然，是「人」。「天」、「人」衝突即自然本性與違逆固然天理之人爲的對立。「天」、「人」一句是總論，「命」、「故」則就人性範圍立論（註一五），「得」（德）（註一六）、「名」就社會範圍立論，皆是分論；

末句所謂「守」即指「守」住「天」、「命」、「得」（「德」）也。

「天」、「人」對待的解決在於以「人」入「天」，泯滅「天」、「人」之對待，「天而不人」（《列禦寇》）。值得指出，「天」或「自然」包含著「自己如爾」、「本然」之義，這是就其理性化的明晰程度而言的，古人思想中往往觀念和現象兼融。莊學「天」或「自然」之現象象徵層面當是「渾沌」，它是本然的，未經人爲離析的。與「天」合一，就其理性層面的表達即是順從「自然」，而就現象象徵層面而言即與「渾沌」同體，其基本途徑在於去知去欲，在於直覺體驗的玄同，這就體現出與「天」或「道」合一的某種神秘性。與「天」合一在主體方面即「忘」。《天地》：「忘乎物、忘乎天，其名爲忘己，忘己之人，是之謂入於天」，《則陽》：「夫聖人未始有天，未始有人，未始有始，未始有物，與世偕行而不替」，主旨即去除自我，合於萬有，契於自然，即《齊物論》所講：「天地與我並生，而萬物與我爲一」。此狀萬有混同之狀態，似乎與愼到「於物無擇，與之俱往」（《天下》）相同，實則愼到重在與「物」同，而莊之與「物」同是結果，經過關鍵的與「天」同，一則實，一則虛，一爲「去己」，一爲「去知」。愼到亦講「去知」，但此「知」外無他「知」，莊則去「人」之「知」而合「天」之「知」，故有「止於所不知」爲「知」（《齊物論》）之說，是講對「人」「知」有一覺解，脫其桎梏。這一層去「人」合「天」、泯絕「天」、

「人」之別的思想在後代思想家那兒得到了回應。郭象以「天人之所爲者皆自然也」（《大宗師》注），在「自然」中整合了「天」、「人」對立。實則在行爲的「自然」中統合「人」、「天」，《莊子》亦含有此意，這牽涉到對「無爲」的理解。張岱年《中國哲學大綱》以爲「無爲」思想內含矛盾，此誠有見。但「無爲」只能是因順「自然」的存在、衍發，若執定「無爲」至於「一無所爲」，適是反「自然」。張氏以《淮南子》、郭象《莊子注》爲證，以爲後代道家始提倡修正的理論，而《莊子》原義未必是「一無所爲」，《天地》「無爲爲之之謂天」即是最好例子。

貳、「性」：「天」之現實依據

莊學以「天」或「自然」統合「天」、「人」，實不待郭象之發明。《山木》釋「何謂人與天一」：

> 有人，天也；有天，亦天也。人之不能有天，性也，聖人晏然體逝而終矣。

明確說出，出於「天」、出於「人」皆「天」即「自然」之義。尤其值得注意，此處提出了一「性」的概念，以爲「人」之不能「天」，因「性」之緣故。此「性」實即物性，是萬物成立之原本性狀，萬物順乎其「性」即得「自然」狀態，「性」是萬物自在自爲的依據所在，「固」、「自」之類所落實者即在此「性」上，「性」於萬物分別而言即是「自性」。

一、「性」與「道」、「德」。

「性」與「道」、「德」相通，《天地》：

> 泰初有無，無有無名，一之所起，有一而未形，物得以生，謂之德；未形者有分，且然無間謂之命；留動而生物，物成生理謂之形；形體保神，各有儀則，謂之性。

此節通說「無」、「一」（「有」）、「德」、「命」、「形」、「性」諸概念，敘述其生成衍發之過程。所謂「無」即《老子》首章：「無，名天地之始」。所謂「一」（「有」）：「天下萬物生於有，有生於無」（四十章），「道生一，一生二，二生三，三生萬物」（四二章）。從老學觀點看，「道」與「無」、「有」（「一」）同義，馮友蘭《中國哲學史》釋之最明：「道乃萬物所以生之原理，與天地萬物之爲事物者不同。事物可名曰有，道非事物，只可謂無。然道能生天地萬物，故又可稱爲有，故道兼有無而言：無言其體，有言其用」（第一編第八章第四節）。由此所謂「無」，「一」乃述「道」。「道」爲生成萬物之總理則，「德」是具體個別之物得於「道」者，物得於「道」而具「德」然後成「形」，這一具體呈形之物內含之「儀則」即是「性」。它與「道」、「德」的根本精神一脈相承，就宇宙萬物個體言，有「德」有「性」，此「德」、「性」實爲相合不歧的。《駢拇》：

駢拇枝指，出乎性哉而侈於德。待鈎繩規矩而正者，是削其性者也；待墨索膠漆而固者，是侵其德者也。

《在宥》：

聞在宥天下，不聞治天下也。在之也者，恐天下之淫其性也；宥之也者，恐天下之遷其德也。天下不淫其性，不遷其德，有治天下者哉！

皆從反面揭示出「德」、「性」間相通的自然本正之義。「德」、「性」間的差別似在物之呈「形」前後，《庚桑楚》：「道者德之欽也，生者德之光也，性者生之質也。」所謂「生者德之光」謂「生」是「德」之發抒，「物得以生」；「性者生之質」即說「性」是物之「儀則」。張岱年《中國哲學大綱》說得透闢：「道是德之所本，生是德之顯發。而生之素質爲性。德是所以謂未生之先者，性是所以謂既生之後者。由德而有生，有生乃有性」（第二部分第二篇第二章）。

二、「性」與「天」

「性」之本質通於「道」、「德」，能順「性」而行則是合「道」、「德」，這又與「天」、「人」之辨相關。《庚桑楚》：「性之動謂之爲，爲之僞謂之失」，正說「人爲」有合乎性與失乎性之不同，也即「人爲」倘違背本性是「僞」、是與「天」相對之「人」。通過「性」，「天」、「人」之辨得以由抽象的普遍理論貫通於物性（人性等）、社會等現實層面。郭象注《莊》尤具卓識於此處。《逍遙遊》論鯤鵬蜩鳩小大之辨，郭注曰：

極小大之致以明性分之適……苟足於其性，則雖大鵬無以自貴於小鳥，小鳥無羨於天池，而榮辱有餘矣。故小大雖殊，逍遙一也。

該篇名注云：

夫小大雖殊，而放於自得之場則物任其性，事稱其能，各當其分，消搖一也，豈容勝負於其間哉？

著力強調物盡其性，以致泯《逍遙遊》小大之辨，是得於此而失於彼（註一七），然其「得」實在亦非無見。《天地》論「神」即有「致命盡情，天地樂而萬事銷亡」，講「適性」、「盡性」。《駢拇》：

彼至正者，不失其性命之情。故合者不爲駢，而枝者不爲歧，長者不爲有餘，短者不爲不足。是故鳧脛雖短，續之則憂，鶴脛雖長，斷之則悲。故性長非所斷，性短非所續，無所去憂也。

即是說長短不齊，苟各適其性，無庸斷續，不必勝負其間。

莊學特重物「性」之自然、本然，以爲不可違逆，其根本之義即依順自然、天然。「駢拇枝指，出乎性哉而侈於德」，「非天下之至正也」，即不是合乎「常然」的：「天下有常然，常然者，曲者不以鉤，直者不以繩，圓者不以規，方者不以矩，附離不以膠漆，約束不以墨索。故天下誘然皆生而不知其所以生，同焉皆得而不知其所以得」（《駢拇》）。「常然」即事物這自然本性，曲直方圓自然成就，不待外物之決定，此其性情之本來狀相，所謂「眞性」。「馬，蹄可以踐霜雪，毛可以御風寒，齕草飲水，翹足而陸，此馬之眞性也」（《馬蹄》）。如若治理籠絡，則是「侵德削性」：「待鉤繩規矩而正者，是削其性也；待墨索膠漆而固者，是侵其德者也」（《駢拇》）。就物性本然而言，「植木之性，豈欲中規矩鉤繩哉？」（《馬蹄》）莊學之重自然天成落在「性」上就是反對治馬、治植、治木者之所爲，尊重物之自性，不得互相干擾。

《莊子》謂自然情狀用「物情」一辭。譬如莊學以爲人生爲自然遷化一過程，不可有意趨避，當取安時處順態度，《大宗師》：「死生，命也，其有夜旦之常，天也。人之有所不得與，皆物之情也」。死生亦是天下一「常然」，是「天」，人不能有所取易，希求不順應這一「自然」，是「遁天倍情，忘其所受，古者謂之遁天之刑」（《養生主》）「情」即「眞實」之義，「物情」乃「物理」，逆此「物情」是亂離「天然」：「亂天之經，逆物之情，玄天弗成，解獸之群，而鳥皆夜鳴，災及草木，禍及止蟲」（《在宥》）。「物性」、「天經」並說，見兩者相關。關於物之內在儀則，《莊子》又有「性命之情」一辭見《駢拇》、《在宥》、《天運》、《徐无鬼》諸篇。

三、「性分」

莊學就萬物總體言，以爲物當各盡其性，順適物情之自然，然分別各物而論，則尤重各不相擾，凡越度界限，傷他物之性情，不順遂「物情」或「性命之情」或「性」者，或稱爲「失」：

《駢拇》：彼至正者，不失其性命之情。

《繕性》：喪己於物，失性於俗者，謂之倒置之民。

《天地》：失性有五：一曰五色亂目，使目不明；二曰五聲亂耳，使耳不聰；三曰五臭薰鼻，困惾中顙；四曰五味濁口，使口厲爽；五曰趣捨滑心，使性飛揚。

或稱爲「冒」：

《繕性》：彼正而蒙己德，德則不冒，冒則物必失其性也。

即說不可超越自己性分的限制而妄然向外。

通常以老莊爲美、藝的否定論者，其依據即主張散滅五采文章，膠塞耳目聰明。然細繹原文，實就不失其性立論，《胠篋》：

擢亂六律，鑠絕竽瑟，塞師曠之耳，而天下始人含其聰矣；滅文章，散五采，膠離朱之目，而天下始人含其明矣；毀絕鉤繩而棄規矩，攦工倕之指，而天下始人含其巧矣；削曾史之行，鉗楊墨之口，攘棄仁義，而天下之德始玄同矣。彼人含其明，則天下不鑠矣；人含其聰，則天下不累矣；人含其知，則天下不惑矣、人含其德，則天下不僻矣。彼曾、史、楊、墨、師曠；工倕、離朱，皆外立其德而以爚亂天下者也。

此明顯源自《老子》：「五色令人目盲，五音令人耳聾，五味令人口爽，馳騁畋獵令人心發狂，難得之貨令人行妨」（十二章），「絕聖棄智……絕仁棄義……絕巧棄利」（十九章）。但《老子》言簡義昧，只籠統論「絕」、「棄」，而《莊子》此節文字顯然並不否定「聰」、「明」、「巧」、「德」之類，只是反對「外立」。它肯定「人含其明」、「人含其聰」、

「人含其知」、「人含其德」，一是肯定「聰」、「明」、「知」、「德」的正面價值，二是肯定了對它們自稟內持的取向。參酌《駢拇》，其義更明確無疑：

> 吾所謂臧者……任其性命之情而已矣；吾所謂聰者，非謂其聞彼也，自聞而已矣；吾所謂明者，非謂其見彼也，自見而已矣。夫不自見而見彼，不自得而得彼者，是得人之得而不自得其得者也，適人之適而不自適其適者也。（末句亦見《大宗師》）

此「自聞」、「自見」、「自得」、「自適」正是「人含其聰」、「人含其明」、「人含其德」，結合「任其性命之情」即任一己之物性而不爲外物所遷移至於自失本然之性。《徐无鬼》：「以目視目，以耳聽耳，以心復心」即言各盡其性用而不錯雜。此義《莊子》中屢屢申論，《天運》：

> 夫水行莫如用舟，而陸行莫如用車，以舟之可行於水也而求推之於陸，則沒世不行尋常。

《秋水》：

> 梁麗可以衝城，而不可以窒穴，言殊器也；騏驥驊騮，一日而馳千里，捕鼠不如狸狌，言殊技也；鴟夜撮蚤，察毫末，晝出瞋目而不見丘山，言殊性也。

此「天地之理、萬物之情」。莊學揭示了天地萬物以「性分」爲中心的自由與限制。小至個人之修養，「盈耆欲，長好惡，則性命之情病矣」（《徐无鬼》），大到天下之治理。

四、「性情」與治世

儒家標舉「仁義」，《莊子》一再論及「仁義」非人性之本然，是外在強予，只會淆亂性情。《駢拇》對「仁義」非「人情」作了申述，駢拇，決之則泣，或有餘或不足，皆失其正；世間仁人或不仁之人，或憂世或求富貴，皆非人情之正。《天道》：

天地固有常矣，日月固有明矣，星辰固有列矣，禽獸固有群矣，樹木固有立矣。夫子亦放德而行，循道而趨，已至矣。又何偈偈乎揭仁義，若擊鼓而求亡子焉？意夫子亂人之性也。

此明以人性自然與仁義相對立。《天運》：「孝悌仁義，忠信貞廉，此皆自勉以役其德（註一八）者也，不足多也。」

《駢拇》論性情、仁義對立，批判儒者之學說最爲深切：

有虞氏招仁義以撓天下也，天下莫不奔命於仁義，是非以仁義易其性與？……三代以下者，天下莫不以物易其性矣。小人則以身殉利，士則以身殉名，大夫則以身殉家，聖人則以身殉天下。故此數子者，事業不同，名聲異號，其於傷性以身爲殉，一也……

……伯夷死名於首陽之下，盜跖死利於東陵之上，二人者，所死不同，其於殘生傷性，均也。奚必伯夷之是而盜跖之非乎！天下盡殉也，彼其所殉仁義也，則俗謂之君子，其所殉貨財也，則俗謂之小人。其殉一也，則有君子焉，有小人焉，若其殘生損性，則盜跖亦伯夷已，又惡取君子、小人於其間哉！

《盜跖》：

小人殉財，君子殉名。其所以變其情，易其性，則異矣，乃至於棄其所爲而殉其所不爲，則一也。

「仁義」在「性情」之外，標舉之以追求是「易性」，非隨物性之自然，是亂性也。治理天下，莊學所持的態度與老學不同，基本是非統治的觀念，「不得已而臨天下，莫若無爲」，此「無爲」即不爲有違自然之事，順遂物之自性的存在與運作。《天地》：「大聖之治天下也，搖蕩民心，使之成教易俗，舉滅其賊心而皆進其獨志，若性之自爲，而民不知其所由然」。此「性之自爲」即謂當依順民之自性去作爲，能順乎其性而動即是所謂「至德之世」。《馬蹄》：

彼民有常性，織而衣，耕而食，是謂同德，一而不黨，命曰天放。故至德之世，其行填填，其視顛顛。當是時也，山無蹊隧，澤無舟梁，萬物群生，連屬其鄉，禽獸成群，草木遂長。是故禽獸可係羈而游，烏鵲之巢可攀援而窺。夫至德之世，同與禽獸居，族與萬物並，惡知乎君子、小人哉！同乎無知，其德不離，同乎無欲，是謂素樸。素樸而民性得矣。

此節所申述即順遂民性自為之義。成玄英疏「同德」：「率其真常之性，物各自足，故同德」，是。更有一層物各盡其性而不相擾之義，即前述「自得」。「山無蹊隧，澤無舟梁」皆極言純任自然，絕無人為參與的境況；「禽獸可係羈而游，烏鵲之巢可攀援而窺」，即《山木》所謂「人獸不亂群，人鳥不亂行」，互不相擾，性分自安，否則如治理籠絡馬匹，馬因此而知對人抵抗反叛，「馬之知而態至盜者，伯樂之罪也」（《馬蹄》）。機心不發，純任自然，世間至德，反之：「弓弩畢弋機辟之知多，則鳥亂於上矣；鈎餌綱罟罾笱之知多，則魚亂於水矣；削格羅落罝罘之知多，則獸亂於澤矣；知詐漸毒頡滑堅白解垢同異之變多，則俗惑於辯矣」（《胠篋》）。

五、「復性」

前曾提及「天」的觀念和現象象徵的兩個層面，「自然」是理性設定的總規則，「渾沌」是精神無離析的整全的境界，與「天」相與為一，或者順遂自然，或者去知以臻渾然的精神境界，在「性」上，這兩者似有兼匯的跡象，物各安其性分，互不相擾，即是依其本然的作爲，也須去知去欲，不惑於相辯互參的「外立」之「德」。莊學於此有「復性」或「反性」之命題。略例如次。《達生》：

形全精復，與天爲一。

《天地》：

性修反德，德至同於初。

上神乘光，與形滅亡，此謂照曠。致命盡情，天地樂而萬事銷亡，萬物複情，此之謂混冥。

《繕性》：

中純實而反乎情，樂也。

心與心識知而不足以定天下，然後附之以文，益之以博，文滅質，博溺心，然後民始惑亂，無以反其性情而復其初。

古之存身者，不以辯飾知，不以知窮天下，不以知窮德，危然處其所而反其性已。

《秋水》：

無以人滅天，無以故滅命，無以得殉名，謹守而勿失，是謂反其眞。

《田子方》：

游心於物之初。

「復性」或「反性」即回復性之本然，謹守之，或者達致依順「自然」（《秋水》），或者達致無知無欲之渾然境界（《達生》）。「復性」自中唐儒學復興始成爲宋明理學中一大論題。莊學於此似亦有其特殊意義。

【附　註】

註　一　參侯外廬等《中國思想通史》第二卷第二章第一節。

註　二　唐蘭擬爲《黃帝四經》之一，見《考古學報》一九七五年第一期，《馬王堆出土〈老子〉乙本卷前古佚書的研究》。

註　三　王念孫說當作「人君」，參顧實《漢書藝文志講疏》。

註　四　黃老學作爲統治術的一面，張舜徽《周秦道論發微》闡發殆無餘義。

註　五　參拙作《戰國西漢老莊流別異同述略》。漢代所謂「道家」，胡適早已指出其特殊性，近熊鐵基《秦漢新道家略論稿》明確標出「新道家」一名。一九三〇年三月胡適接到馮友蘭《中國哲學史》講義（其中引司馬談論道家之言，論曰：「此明謂道家後起，故能採各家之長，而後世乃謂各家皆出道家，亦可謂不善讀司馬談之《論六家要旨》矣」，見《中國哲學史》一編八章一節），致書稱「道家乃是秦以後的名詞，司馬談所指乃是那集衆家之長的道家，老子莊子的時代並無人稱他們爲道家」（並批評馮氏不可以此爲據定《老子》後出，馮書正式出版後加一注，未盡會胡氏之意），同年寫就並由中國公學油印之《中國中古思想史長編》第二章論曰：「司馬談所謂道家，即是《漢書》所謂雜家」，可參。

註　六　參張立文《中國哲學邏輯結構論》據馮禹統計所列表格，見該書頁一二六至一二七。

註　七　《先秦天道觀之發展》。這得到陳夢家《殷墟卜辭綜述》的支持：「卜辭的『天』沒有作『上天』之義的，『天』的觀念是周人提出來的」。

註　八　參張立文《中國哲學邏輯結構論》頁一一三。

註　九　此節「天」字據《經典釋文》：「魯讀『天』爲『夫』。」《晉書・張忠傳》：「天不言而四時行焉，萬物生焉」。

註一〇　參《莊子引得》頁二一三至二二〇及頁二七四至二七七。

註一一　「正」即「本」義，《駢拇》：「多駢旁枝之道，非天下之至正也」。林希逸《南華眞經口義》釋「至正」爲本然之理。

註一二　《老子》五一章：「莫之命而常自然」，與《繕性》實有差別，「爲」指主體，「命」則指外在的制約。

註一三　《庚桑楚》：「道通，其分也，成也，其成也，毀也。」

註一四　論者往往不能通解主客對待之關鍵，故混同莊、老，以爲此「成」、「毀」同於老學之對待轉化之義，見馮友蘭《新原道・老莊》、《中國哲學簡史・莊子》，陳鼓應《莊子今注今譯》頁六三註五。

註一五　「故」，劉師培《莊子斠補》釋爲「巧故之故」，是。《刻意》：「去知與故，循天之理」之「故」，郭慶藩注爲「詐」，援據《國語》韋注、《呂氏春秋》高注，郭慶藩注爲「詐」，援據《國語》韋注、《呂氏春秋》高注、而以爲《管子》尹注：「故，事也」誤，《莊子》「故」亦有釋「事」例，見《盜跖》：「及其患至，求盡性竭財，單以反一日之無故而不可得也。」

註一六　「得」即「德」。《馬蹄》：「民有常性，織而衣，耕而食，是謂同德」，成玄英疏曰：「德者，得也，率其眞常之性，物各自足，故同德」；《天地》：「一之所起，有一而未形，物得之生，謂之德」；《徐无鬼》：「道之所一者，德不能同也」，郭象注：「各自得耳，非相同也，而道一也」，林希逸《南華眞經口義》：「德者，得之在己者也」；《讓王》：「古之得道者，窮亦樂、通亦樂，所樂非窮通也。道德於此，則窮通爲寒暑風雨之序矣」，俞樾《諸子評議》引《呂氏春秋・愼人》作「道得於此」，王孝魚校以高山寺本「德」作「得」；《天下》：

「弱於德，強於物，其途隩矣」，鍾泰《莊子發微》釋「弱於德」爲「自得者少」，皆可爲證。如以「得」爲「貪」，以「殉」作「徇」，解「無以得殉名」爲「無以貪而徇名」（陳鼓應《莊子今注今譯》頁四二九注四），一則「得」爲「貪」不確，二則此句與上兩句文例不合，且下文所「守」亦無有著落。「無以得殉名」義旨分明，參《盜跖》可知：「小人殉財，君子殉名。其所以變其情，易其性，則異矣；乃至於棄其所爲，而殉其所不爲，則一也。故曰：無爲小人，反徇而天，無爲君子，從天之理」。其中「殉」、「徇」顯別，不可混通。

註一七　郭注此處蓋特張揚「齊物」。鍾泰《莊子發微》論道：「以《齊物論》作釋，非本篇之旨。本篇贊大而斥小，下文曰：小知不及大知，小年不及大年，又曰：此小大之辨也。其意明甚」。可見《齊物》、《逍遙》義旨也非盡合。

註一八　「德」，成玄英疏爲「性」。

註一九　《胠篋》、《天地》、《盜跖》等篇皆曾論及。

第三章　「天」「樸」：「藝」「文」「美」的生成與本質

「道」爲「天」即「自然」之旨，此莊學深微獨到之處，最爲關鍵，後世抉發不待向、郭注《莊》而後大暢，司馬遷《史記・老韓列傳》概括莊學曰：「莊子散道德，放論，要亦歸之自然」。「自然」，《老》、《莊》皆重，今本《老子》二五章：「人法地，地法天，天法道，道法自然」，敦煌所出漢末（註一）《老子想爾注》曰：「自然者，與道同號異體，令更相法，皆共法道也。天地廣大，常法道以生，況人可不敬道乎？」似以「自然」爲實體。參酌《老子》之「天」多宇宙實體意味，固不足怪；可注意是注文明以「道」與「自然」「同號」。王弼：「則天成化，道同自然」（皇侃《論語義疏》引）；《太平經》卷一〇三曰：「自然之法，乃與道連」，「天地之性，獨貴自然，各順其事，不敢逆焉」，將「自然」與「道」相聯，且「自然」明爲狀態。

「天」即「自然」爲狀態而非實體，是思想上的突進，然而複雜性即在於觀念更迭是一連續過程，多重的義蘊纏雜共存，有時有重大的意義。就「藝」而言，「自然」的狀態一層面導出寫藝、造藝之自由，而「天」遠古宗教意志的義蘊則導出了對「藝」的本原性認知。

壹、「天」：「藝」、「文」、「美」之本源

遠古觀念，萬物以「天」爲本，「天」具有本源的地位。究其根本，「精」、「氣」構物：「凡物之精，此則爲生，下生五穀，上爲列星」（《管子・內業》）；「人」之生概莫能外，《管子・樞言》：「有氣則生，無氣則死，生者以其氣」，《心術下》：「氣者身之充也」，《孟子・公孫丑上》：「氣，體之充也」，《莊子》亦如是說：「人之生，氣之聚也，聚則爲生，散則爲死」（《秋水》）。「天」與「精」、「氣」是緊密相關的，這在古時天地合而生萬物的觀念中可以見出。《荀子・禮論》：「天地合而萬物生，陰陽接而變化起」；《易傳》之《咸象》：「天地感而萬物化生」，《繫辭》：「天地絪緼，萬物化醇」；《禮記・郊特牲》：「天地合而後萬物興焉」；《管子・內業》：「天出其精，地出其形，合此以爲人」；《淮南子・精神》：「精神者，所受於天也，而形體者，所稟於地也」，又

說：「精神天之有也，而骨骸者地之有也，精神入其門，而骨骸反其根，我尚何存？」（註二）高誘注曰：「精神無形，故能入天門，骨骸有形，故反其根，歸土也」（註三），與《莊子·秋水》聚散之說正相證補。《老》、《莊》大抵與此一思想線索相合，《老子》：「萬物負陰而抱陽，衝氣以爲和」（四二章）《莊子·田子方》：「至陰肅肅，至陽赫赫，肅肅出乎天，赫赫發乎地（高亨《諸子新箋》：「疑原作『肅肅出乎地，赫赫發乎天』，天地二字轉寫誤倒」），兩者交通成和而物生焉」。《莊子》中「精」、「形」對舉大抵皆可從此路徑予以解說，如《達生》：

> 棄事則形不勞，遺生則精不虧，夫形全精復，與天爲一。天地者，萬物之父母也，合則成體，散則成始，形精不虧，是謂能移，精而又精，反以相天。

「天地者，萬物之父母」是總要，「天」之「精」，「地」之「形」相合成「物」，散而遷移爲他物之始（註四），處在一自然而然的生命轉化過程中（註五），「與天爲一」，古代修養精神，全眞葆生之觀點皆源始於此一觀念。

一、「天」、「人」、「文」的一般性構架

《老》、《莊》之「道」皆是對於「天」之觀念的提升和抽象，「天」或「道」作爲萬

物之源始，「藝」、「文」之類概莫能外之。因而在莊學看來，「道」、「天」之外無所謂「藝」、「文」，眞正的「藝」、「文」即是「道」、「天」。近所流行的將莊學歸本於美學的思路是完全逆轉的，斷不可以美學或藝術去規範莊學，而應認定莊學中「道」、「天」從根源上規定了「藝」、「文」。「藝」爲「道」所規定，「道」是「藝」的根源遠不僅莊學一家獨有，實爲中國藝術思想共有的觀念（註六）。然而《莊子》「道」至「藝」顯呈之特徵如何，即如何規範「藝」之本源，須由比較中闡說。

古代典籍中論及「道」、「天」爲「藝」、「文」之本源最爲典型的莫如《禮記·樂記》論「樂者，天地之和」：

> 地氣上齊，天氣下降，陰陽相摩，天地相蕩，鼓之以雷霆，奮之以風雨，動之以四時，煖之以日月，而百化興焉。如此，則樂者天地之和也。

以「文」言，劉師培《廣阮氏文言說》：「三代之時，凡可觀可象，秩然有章者，咸謂之文」。「文」可通貫「天」、「人」，「自然界的森羅萬象和人類社會的諸種倫理規範、儀禮典章制度、言論文辭著作、詩歌音樂舞蹈、繪畫編織等文學藝術和工藝美術，都可謂之『文』。」（註七）「天文」、「人文」之中介即是「人」。「人」也是由「天」到今所謂藝術作品意義上的「藝」、「文」的中介，這主要體現在《易·繫辭傳》：

古者包犧氏之王天下也，仰則觀象於天，俯則觀法於地，觀鳥獸之文與地之宜，近取諸身，遠取諸物，於是始作八卦，以通神明之德，以類萬物之情。

「天」、「道」由「人」而「藝」，「文」最爲完整的表述在劉勰集大成的《文心雕龍·原道》中：

文之爲德也，大矣。與天地並生者，何哉？夫玄黃色雜，方圓體分。日月迭璧，以垂麗天之象，山川煥綺，以鋪地理之形，此蓋道之文也。仰觀吐曜，俯察含章，高卑定位，故兩儀既生矣。惟人參之，性靈所鍾，是謂三才，爲五行之秀，實天地之心。心生而言立，言立而文明。

由「道之文」到「言之文」，由「性靈所鍾」之「人」而實現，也就是「道沿聖以垂文」，這是「藝」、「文」本源性的闡說。至於「聖因文而明道」則是「聖」、「文」可通達天地的作用，如摯虞《文章流別論》所謂「文章者，所以宣上下之象，明人倫之序，窮理盡性，以究萬物之宜者也」，非同一層次的論題。《原道》下文稱「人文之元，肇自太極」「言之文也，天地之心哉」，將「文」之本源推溯至天地，與上面講「道之文」到「言之文」的源流次序相輔相成，引《易·繫辭傳》文「鼓天下之動者存乎辭」而後說：「辭之所以能鼓天下者，乃道之文也」，更明確將「道之文」與「言之文」歸爲同質。《禮記·樂記》、《易

・繫辭傳》、《文心雕龍・原道》所提出的「天」、「人」、「文」構架成為古典文藝本質論的普遍的基本模式，種種議論皆據以展開。

二、莊學「天」、「性」路向

《莊子》的取向則有所不同，它固亦認同「藝」、「文」根源於「天」、「道」的觀念，但並沒有執著於「人」的中介。《莊子》也注意到「人」，但其對主體「無為」的行為規範阻斷了對「人」造「藝」的強調。《知北游》：

> 天地有大美而不言，四時有明法而不議，萬物有成理而不說。聖人者，原天地之美而達萬物之理。是故至人無為，大聖不作，觀於天地之謂也。

《莊子》中的「聖人」同樣能推源天地萬物之「美」、「理」，但莊學在本體論上認為天地萬物自然運作，「不言」、「不議」、「不說」，「聖人」仿天地萬物的自然也就只會「無為」、「不作」，因而不存在「言之文」的成果。然而此「美」、「理」並非不可聞見，它們是自然呈現的，這即是「日月迭璧」、「山川煥綺」，在《原道》中屬「道之文」。也就是《莊子》所重在「道」、「天」所呈現之「大美」而不在「人」之仿於「天」「地」的「作」「為」。這與莊學去人合天的主導傾向是一致的。這些「大美」的自然呈現也有其存在的基點，即「性」。

「天」落實於「性」，「性」與「道」、「德」通，前曾論及，所引《天地》一節稱「泰初有無」而後有「一」，此當是源初的衍化；及於萬物，「物得以生，謂之德」，「德」者「得」也，「德」既表此一本源與萬物衍生的過程，亦表萬物於本源之所得；此「所得」在於萬物可稱爲「性」。「形體保神，各有儀則，謂之性」，「性」兼括「形」、「神」二者而成立，顯然高於「形」、「神」。參「性修反德，德至同於初」（註八），可知「性」、「德」、「道」實是同一體在不同階段的衍發與呈現，異名同指。「道」與「自然」之關係，《老》、《莊》所共有，而「老子」中無「性」，王弼釋二五章「道法自然」則引入「性」，移說莊學之「道」、「性」、「自然」關聯頗恰當：「道不違自然，乃得其性。法自然者，在方而法方，在圓而法圓，於自然無所違也」，「性」即萬物之「自然」「儀則」，或「方」或「圓」，或在「日月」或在「山川」。

(一)「天籟」：自然生成

《莊子·齊物論》「天籟」、「地籟」、「人籟」一節向來被認爲是對「藝」、「文」的重要論述，其重要實即在於是對「藝」、「文」本源性的闡發。所謂「人籟」言之甚明，「比竹是已」；「大塊噫氣，其名爲風」一節都是說「地籟」；「夫天籟者（註九）吹萬不同，而使其自己也，咸其自取，怒者其誰邪（註一〇）？」三者之關係，或以爲是三者迭次提升，而郭象注曰：「夫天籟者，豈復別有一物哉？則衆竅比竹之屬，接乎有生之類，會而共成一天耳。」郭注之所以否認超越性「天籟」之實體性存在，其根源在其「獨化」之說，蓋以爲「無既無矣，則不能生有」，「無」、「有」睽隔，不可轉生，「生生者誰哉？塊然而自生耳」，萬物之存在演變皆在於其自己的「自然而然」。郭注講了一個深微的玄理，但並未落實於《莊子》本文，試作申論。「天籟」並非「無」之「有」，即一種超越性的實體存在，與「地籟」、「人籟」不同。「地籟」、「人籟」皆依憑孔竅而得發生，其「吹」之所以不同，皆其「自取」，即孔竅之萬狀所致。有「山陵之畏佳，大木百圍之竅穴，似鼻、似口、似耳、似枅、似圈、似臼、似洼者、似污者」，而後才有「激者、謞者、叱者、吸者、叫者、譹者、宎者、咬者」。依此萬狀而自生之「地籟」「人籟」即是「天籟」，孔竅之萬狀何以名之，亦無過「性」而已。括言之，「衆竅比竹」能依其「性」自取自然，發出聲音皆是「天籟」。可以說，「地籟」、「人籟」是實存的。而「天籟」是對「地籟」、「人籟」的自然本性的抽象，並非實存的。「天籟」之實現，即落在「地籟」、「人籟」的自性上。「地籟」、「人籟」當然也是有差別的，但這一差別與它們和「天籟」的不同是不可同日而語的，前者只是程度的而後者則是性質的。「地籟」、「人籟」是在其形成「自性」之不同，「山川」的形成是天地的造作，「比竹」則是人的造作。就其發聲的成果而言，有與天地本源遠近之別；就所能把握的籟音，大地的聲響是更爲自然、本源的。

(二)「大美」：本然呈現

「天」、「道」是「藝」、「文」之本源，而「天」、「道」在「藝」、「文」中的呈現，即在其「性」，「性」體現了「藝」、「文」之「天」、「道」的本源性，這就是《莊子》的「天」、「道」之「大」、「美」呈現於「藝」、「文」的基本脈絡。這「天」、「性」的走向同時也就規範了「藝」、「文」之「天」、「自然」不能僅僅看作一種外在的要求，而且是一種本質，只有能執著於此一本然，不違此「性」，才眞正有「藝」、「文」之「大美」的實現，更深入地說，「藝」、「文」才眞正是「大美」的。

明乎此，再返回去看，就更能明白《莊子》對「言之文」的輕忽。《齊物論》一再申論人言的不可爲據。言屬於人，各執一偏，「是非之彰也，道之所以虧也」。「人言」如同「人籟」，於「藝」、「文」之本源距離較遠，無疑較「天地有大美」略遜一籌，且「人言」對本源的事物略無影響，只能造成對事物本身的偏見，是對本眞的破壞。《齊物論》主要以名學辨析「全」、「虧」之不同，從而肯定本然的本體地位、重「天」的莊學主體部分。這一主體的呈現在「天」、「性」一系思想路向，《齊物論》猶如王弼以名學釋說《老子》「

道可道，非常道，名可名，非常名」（註一一），是這一主體的補說，而決不成其為莊學之主幹。這就像僅著眼老學之「道」不可名狀只是在對象與主體的關係上講「道」，並不能就此代替關於「道」之本源本體的學說。僅從這個意義上，馮友蘭以為莊學與老學之間隔著名學的階段是合理的。

猶如「地籟」高於「人籟」，「天地之大美」自然更高於「言之文」。「大美」的含義在《莊子》中實可析為兩層，一則就其「弘大而辟」而言。《秋水》：「秋水時至，百川灌河，涇流之大，兩涘渚崖之間，不辨牛馬。於是焉河伯欣欣然自喜，以為天下之美為盡在己。順流而東行，至於北海，東面而視，才見水端，於是焉河伯始旋其面目，望洋向若而嘆……井蛙不可以語於海者也，拘於虛也；夏蟲不可以語於冰者，篤於明也；曲士之不可以語於道者，束於教也。今爾出於崖涘，觀於大海，乃知爾醜，爾將可與語大理矣」，此所謂「美」即指「大」，而將「大海」與「醜」相對待，更可助證。其次，也是更關鍵的，「大」是指「道」之本體。這承自《老子》「有物混成，先天地生……吾不知其名，故字之曰道，強為之名曰大」（二五章）。《莊子》亦將「大」判定為「道」之特質：「道覆載萬物也，洋洋乎大哉」（《天地》），尤其可見於《天道》對「大」、「美」的區分：

昔者舜問於堯曰：「天王之用心何如？」堯曰：「吾不敖無告，不廢窮民，苦死者，

> 嘉孺子而哀婦人，此吾所以用心已」。舜曰：「美則美矣，而未大矣。」堯曰：「然則何如？」舜曰：「天德而土寧，日月照而四時行，若晝夜之有經，雲行而雨施矣。」堯曰：「膠膠擾擾乎！子，天之合也，我，人之合也。」夫天地者，古之所大也，而黃帝堯舜之所共美也。故古之王天下者，奚爲哉？天地而已矣。

堯之所爲，舜以爲「美」而未「大」，是將「美」與「大」作了區別，舜之所謂「大」是「天德而土寧」，以「日月照而四時行」形容之，亦是自然運轉，有經有常的意思，如同「天地固有常矣，日月固有明矣，星辰固有列矣，禽獸固有群矣，樹木固有立矣……循道而趨，已至矣」（《天道》）。「大」的表現如是，其指「道」或「自然」無疑。下文堯承認舜「天之合也」，更是將「大」的表現與「天」明確連屬。後「大」、「美」二字是動辭，與前不同，所「大」所「美」是「天地」，實亦指「道」、「自然」、「天」而已（註一二）。古典中以某物爲象徵，指代抽象觀念實非罕見（註一三）。「大」高於「美」，即「道」、「天」、「自然」高於「美」。《莊子》以前者爲根本，以之爲最高的宗旨，猶如孔子以「仁」爲最高宗旨，以爲「《韶》盡美矣，又盡善也」，而「《武》盡美矣，未盡善也」（《八佾》）（註一四），都是執著於思想的根本所在。有學者以爲「大美」所強調的是「全」這一層面，雖非無據，《莊子》亦有「大道不稱」（《齊物論》）之說，但實未探本。「全」、「虧」

之辨是由《齊物論》名辯立場申論的，所說嚴格只是在主體認識範疇內的問題，而未及「大」即「道」之本體意義，此義即是「自然」、「本然」，就上引《天道》，即「日月照而四時行」之「天地」，是眞正可「大」、應予「共美」的。也就是說，眞正的「美」在於自然、本然的呈現，眞正的「美」之本質即在本然。而「大美」與「人爲」之巧是對立的，《大宗師》：「螌萬物而不爲義，澤及萬物而不爲仁，長於上古而不爲老，覆載天地刻雕衆形而不爲巧」。這一點實則亦是古典藝術論所共執的一種觀念。即以前論《文心雕龍・原道》言，就顯明地指出了天地萬物之「文」皆出於自然，是其本性所稟有：

傍及萬品，動植皆文。龍鳳以藻繪呈瑞，虎豹以炳蔚凝姿。雲霞雕色，有逾畫工之妙；草木賁華，無待錦匠之奇。夫豈外飾，蓋自然耳。

「外飾」，「自然」之別，就在「文」是萬物本性所具的，而非外在的裝扮，所謂「辯麗本於情性」（《文心雕龍・情采》）。《三國志・蜀志・秦宓傳》（註一五）：「夫虎生而文炳，鳳生而五色，豈以五彩自飾畫哉，天性自然也」。當是劉氏所本。這與《莊子》重自然本眞的觀點是一致的。要說差異或許就是一以「雕色」、「賁華」、「藻繪」、「炳蔚」爲自然本眞，一以「素樸淡漠」爲自然本眞。《莊子・刻意》：「澹然無極而衆美歸之，此天地之本道，聖人之德也」，其根由在莊學以「虛靜恬淡寂寞無爲者，天地之本而道德之至」（《天道》）。郭象調合素樸、辯麗曰：「苟以不雜爲素，則雖龍章鳳姿，倩乎有非常之觀，乃至素也；若不能保其自然之質而雜乎外飾，則雖犬羊之鞹，庸得謂之純素哉」（《刻意》注）。郭象注說雖然有違莊學以「虛靜恬淡寂寞無爲」爲萬物之本性的觀念，但抓住「自然之質」則是非常準確的，且這正是《莊子》與《原道》兩種觀念在思理上能溝通的關鍵。

貳、「藝」、「文」、「美」的本質「樸」：物性本然

一、「樸」與「渾沌」

「自然之質」即是本性之謂。《莊子》對物性本然的規定是「樸」。「樸」亦《老子》中最重要概念之一，出現近十次。「樸」之義原當是未曾殘傷之木，《論衡·量知》釋說最明白：「無刀斧之斷者謂之樸」，《老子》中有「樸散則爲器」（二八章），「敦兮其若樸」（十五章）。未經殘傷即保存了本眞的性狀，由物質實體之「樸」代稱此抽象義涵，因有純樸，樸素的意義，《老子》有「見素抱樸，少私寡欲」（十九章），「復歸於樸」（二八章），「我無私而民自樸」（五七章）。《老子》中還以「樸」、「道」相連，「道常無名，樸雖小，天下莫能臣也」（三二章），「化而欲作，吾將鎭之以無名之樸。無名之樸，夫亦將不

欲」（三七章）。《莊子》中於此三層義旨，除末以「樸」與「道」之本體相比類外，前二義皆可案索，第一如《馬蹄》：「殘樸以爲器，工匠之罪也」，尤其第二義最多，或稱「樸」或稱「樸素」、（《天道》）「素樸」（《馬蹄》）、「樸鄙」（《胠篋》、《漁父》）。《莊子》中「樸」的兩層意涵皆指向原初本眞，即所謂「渾沌」（《應帝王》）。「渾沌」一經鑿開，其眞性喪失，只有「死」路，此與「樸散則爲器」正相仿佛，郭象注：「爲者敗之」，因而當「無爲」，此「無爲」即依循物性自然而不違逆之謂，唯如此，有「無爲復樸」之說，《天地》：

> 修渾沌氏之術者也，識其一，不知其二，治其內而不治其外。夫明白入素，無爲復樸，體性抱神，以游世俗之間者，汝將固驚邪？

「無爲復樸」之「無爲」，有「識其一」、「治其內」、「體性抱神」之作爲，非完全「無爲」至明，《應帝王》、《山木》有「雕琢復樸」之說亦可爲助證。「體性抱神」實即《老子》所謂「見素抱樸」，守住其精神性情之本然，便是「修渾沌氏之術」，能達到完滿的「渾沌」境界。細案上引文，說了兩層：「素」與「樸」。《刻意》：「素也者，謂其無所與雜也；純也者，謂其不虧其神也」。「識其一不知其二」即「素」；「治其內而不治其外」即「純」，「純」、「樸」相近，「不虧其神」即「體性抱神」。「樸」在「性」，「不虧其神」，實亦意味著不虧於「性」，這正是莊學核心所在。傷於「性」，其餘皆不可取，治理天下如是，論「藝」、「文」之美醜亦然。

二、性之「樸」先於「美」

立足於「性」之「樸」或「純」論美醜是《莊子》立足於本然之存在，立足於萬物之本源的突出表現。《天地》：

> 百年之木，破為犧樽，青黃而文之，其斷在溝中。比犧樽於溝中之斷，則美惡有間矣，其於失性一也。

「百年之木」即「未殘」之「樸」，一旦斬斷，或者做成祭祀酒器，或者拋置溝壑，一則青黃文飾，一則殘傷痕跡猶在，在世間看來是有「美」「惡」之不同（註一六），而「莊子」則以為皆是失性，不可取。「犧樽」譬喻另見《馬蹄》：「純樸不殘，孰為犧樽；白玉不毀，孰為珪璋」。《莊子》看來，「犧樽」、「珪璋」經雕琢文飾之後的美不是眞正的美，是以失去本眞為代價的，「純樸」、「白玉」本身才是眞正的美，也就是在這個意義上，《莊子》以為「樸素而天下莫能與之爭美」。（《天道》）。值得注意，《莊子》並非一概否定「文」、「美」，它亦承認「文」、「美」之實存，只是這種「文」、「美」當是根源自本源的「文」、

「美」，有違本性的「文」、「美」是要反對的。《則陽》：「生而美者，人與之鑑，不告則不知其美於人也……性也」。可見「美」是確然存在的，只有立根於「性」中，才被《莊子》肯定，否則違性效顰乃可嗤，《天道》：

西施病心而顰其里，其里之醜人見之而美之，歸亦捧心而顰其里。其里之富人見之，堅閉門而不出；貧人見之，挈妻子而去走。彼知顰美而不知顰之所以美。

可說「美」在西施之所以「美」處，而「里之醜人」違自性而效之，「醜」上加「醜」。反之，能自安其「性」，亦是一種可取。《山木》：

陽子之宋，宿於逆旅、逆旅人有妾二人，其一人美，其一人惡。惡者貴而美者賤。陽子問其故，逆旅小子對曰：「其美者自美，吾不知其美也；其惡者自惡，吾不知其惡也。」

能保有自性，是更高的美醜分判之準的，是眞正的發自根本的美，概言之，即「不以美害生」（《盜跖》）。

《山木》上節陽子得一教訓，「行賢而去自賢之心，安往而不愛哉」，也就是說當「美」而不「自美」，謹守本來之「樸」，無論其「美」、「惡」。這一層工夫，用「雕琢復樸」最好地總結了。

《應帝王》記列子與壺子相遇後，「自以爲未始學而歸，三年不出。爲其妻爨，食豕如食人。於事無與親，雕琢復樸，塊然獨以其形立。紛而封哉，一以是終。」可見「復樸」就是達到無所親私，塊然獨立的狀態。達到這種狀態也就是要無欲無識，因順事物之自然。《山木》記「北宮奢爲衛靈公賦斂以爲鍾」，自稱遵奉「既雕既琢，復歸於樸」，行爲上「侗乎其無識，儻乎其怠疑，萃乎芒乎，其送往而迎來，來者勿禁，往者勿止。從其強梁、隨其曲傳，因其自窮，故朝夕賦斂而毫毛不挫」。「無識」、「怠疑」等即是「無知」、「無欲」，如此「塊然」而後能因順自然，可見「雕」的對象是「知」、「欲」。去除「知」、「欲」才能達到「樸」的境地，實則「樸」與「無知」、「無欲」的關聯，《莊子》中有明言：「同乎無知，其德不離，同乎無欲，是謂素樸」（《馬蹄》）。此一關聯《老子》中亦早有揭示，其十九章、三七章、五七章皆以「樸」與「欲」相對立，因而「樸」亦與主體情性相關，如「素樸而民性得矣」（《馬蹄》）。

叁、「眞」：內在本性向外的呈顯

一、「眞」與「天」、「性」

與「樸」相類的概念在《莊子》中還有「眞」，「眞」同於「樸」，有本然的涵義，且有關乎人本身主觀之眞實的意思，較之「樸」更爲明確，這後一層相類似的有「誠」等，「眞」是《莊子》中極爲重要的一個範疇，「眞」、「本」相關，《天道》：「極物之眞，能守其本」。它可以是指存在的本然，《大宗師》中子桑戶死，孟子反、子琴張之流等同生死的朋友們：

> 或編曲、或鼓琴，相和而歌曰：「嗟來桑戶乎！嗟來桑戶乎！而已反其眞，而我猶爲人猗！」

此「眞」即指自然遷化生命本然，與「人」這一特殊階段相對待。《莊子》中屢言「葆眞」（《田子方》）、「全眞」（《盜跖》）、「守其眞」、「貴眞」（《漁父》），都是執著於本質的意思。此本眞在「物」（「物之眞」）、在「人」（「眞人」），皆於「物」或「人」之「性」中落實，郭象曰：「眞在性分之內」（《秋水》注）。「性」是「物」、「人」之本質，形容之即「眞」，因有「眞性」：「馬，蹄可以踐霜雪，毛可以禦風寒，齕草飲水，翹足而陸，此馬之眞性也」（《馬蹄》），「眞性」即「本性」，可見「眞」較之「樸」更深入到主體生命之內部，「眞在內」（《漁父》）。

「眞」在本然，出乎「天」。「眞在內」、「天在內」（《秋水》），「眞」、「天」

不可析分。「眞」應置於「天」、「人」關係中看待，《秋水》：「無以人滅天，無以故滅命，無以得殉名。謹守而勿失，是謂反其眞」。「眞」是「天」而非「人」，這也即所謂「天眞」。將「眞」定位於主體內在本性之向外呈現最爲典型的是《漁父》：

眞者，精誠之至也。不精不誠，不能動人。故強哭者雖悲不哀，強怒者雖嚴不威，強親者雖笑不和。眞悲無聲而哀，眞怒未發而威，眞親未笑而和……眞者，所以受於天也，自然不可易也。故聖人法天貴眞，不拘於俗。

「眞」與「天」、「自然」、「精誠」皆相關聯。「眞」是稟受於「天」，而發布於外：「眞在內者，神動於外」。內在的「眞性」發動向外呈顯，這種發自內在的喜怒哀樂才是眞的喜怒哀樂。這種「眞」所反對的就是不由本眞處發生的「強」，「強」則有違自然。《天運》「里之醜人」效西施之顰即是「強」，因並未眞「病心」。對《秋水》「邯鄲學步」，後人亦做了依循外在準則而喪失本來的引伸，李白《古風》用「天眞」一辭概括極準確：「醜女來效顰，還家驚四鄰，壽陵失本步，笑殺邯鄲人。一曲斐然子，雕蟲喪天眞」。

二、「誠」「情」

「天眞」由內在稟性而向外呈顯，當即是所謂「誠」。「誠」在古代具客觀的意義。《

孟子・離婁》：「誠者天之道」，《中庸》：「誠者天之道也」；與「心」相關，《荀子・不苟》：「君子養心莫善於誠」，其間溝通在「天不言而人推高焉，地不言而人推厚焉，四時不言而百姓期焉，夫此有常以至其誠者也」，（同上）即以其眞實可以期望。《莊子》之「誠」亦兼具兩方面，《徐无鬼》：「吾與之乘天地之誠而不以物與之相攖」，又「修胸中之誠，以應天地之情而勿攖」。「天地之誠」、「胸中之誠」是主客兩「誠」，而「天地之誠」實與「天地之情」相同。「誠」即「情」，「情」爲「實」義，「誠」爲「實」至明。「精」指「精神」之類，與內含之「性」相關。能有純素之精神稟執，能眞實地外顯，便能「動人」。所謂「眞」即兼具這兩方面：「眞者，精誠之至也」。「樸」、「眞」皆指向物性之本然，而「眞」更指向本體生命的內在之處，指向這種本體生命的外顯。這種「眞」在《漁父》中明確與喜怒哀樂等今日所謂「情」相關聯，這在《荀子》中已確定：「性之好惡喜怒哀樂謂之情」（《正名》）。「情」、「性」之別在中國思想傳統中是性靜情動，情是性的表現。先秦「情」一般是「實」義，《易・繫辭傳》：「聖人立象以盡意，設卦以盡情僞」，又「情僞相感而利害生」，「情」、「僞」對舉，「情」即「實」。《莊子》之中大抵亦如此。尤其値得注意，《莊子》「情」與「天」相關，顯示其自然稟賦的一面。《養生主》：「遁天倍情」，《則陽》：「遁其天，離其性，滅其情，亡其神」。「情」與「眞」

亦相關，《盜跖》：「以利惑其眞而強反其情性。」「情」是「天」之「眞」，在乎「性」，這才是眞的喜怒哀樂之情。

肆、「和」：「藝」「文」通達本源的實現

既已言及主體喜怒哀樂的表現，這就不能不有「天」、「人」關係的處理。喜怒哀樂及其表現終是人爲的，莊學主自然、於人事不能不有所爲，乃主依順自然之無爲，於「情」之表現亦然。既主張天地之大美，推揚「刻雕衆形而不爲巧」之本源性的「道」、「天」之自爲，於人爲的雕鑿便主張遵從「天性」（「觀天性」），「以天合天」（《達生》）。而不是散樸爲器又「青黃文之」（《天地》）。說到根本處，即以「人」合「天」，此「合」用古典語辭即「和」。（註一七）

「和」是古代極重要的概念，指不同的兩者的協調、融合，與「同」有異。《論語．子路》：「君子和而不同，小人同而不和」，《國語．鄭語》可以爲釋：「和實生物，同則不繼，以他平他謂之和，故能豐長而物歸之，若以同禪同，盡乃棄矣。」《莊子》釋「和」如《天道》：「均調天下，與人和者也」，此「均調」說「和」甚當。「天」、「人」關係中，

莊學有「與天和」、「與人和」之別，所謂「與天和者」即「明白於天地之德者，此之謂大本大宗」，「與天和者謂之天樂」。「天樂」是眞正的快樂，此「與天和」所得之「天樂」究竟如何呢？

知天樂者，其生也天行，其死也物化，靜而與陰同德，動而與陽同波。故知天樂者，無天怨，無人非，無物累、無鬼責。故曰其動也天，其靜也地……以虛靜推於天地，通於萬物，此之謂天樂。

「與天和」而達「天樂」就是隨物遷化，超脫是非，也即體認並融合於「天」之「道」。「與天和」而得「天樂」、「至樂」，這是在人的主體上。而「樂者、樂也，人情之所必不免也」（《荀子．樂論》），音樂是人喜怒哀樂的發抒，因而「藝」作爲人情的呈現，在莊學看來，同樣應當合乎「道」，「藝」的創造，也就以「極煉如不煉，出色而本色，人籟悉歸天籟」（劉熙載《藝概．詞曲概》）爲極至。《天運》載黃帝張《咸池》之樂於洞庭之野，音樂一階段高於一階段，使北門成「始聞之懼，復聞之怠，卒聞之而惑」。這最後一階段音樂的奏作，據黃帝自白是「奏之以無怠之聲，調之以自然之命」，唯其「自然」近「天」，方得以稱「天樂」（「音樂」之「樂」）。這是從創作的角度說如是，從「藝」、「文」本源上講，就是須通達「天」或「自然」，才有眞正的「藝」、「文」之產生。陸機《文賦》

就講到文章產生之「開」、「塞」（李善《文選．文賦》注：「開謂天機駿利，塞謂六情底滯」），將「開」的情狀形容爲「方天機之駿利，夫何紛而不理，思風發於胸臆，言泉流於唇齒」，「天機」今往往釋爲「靈感」，非無依據，但「天機」出典《莊子》，李善注：

《莊子》：「蚿曰：今予動吾天機」（《秋水》）。司馬彪曰：「天機，自然也。」又《大宗師》曰：「其耆欲深者，其天機淺也。」劉障曰：「言天機者，言萬物轉動，各有天性，任之自然，不知所由然也。」

更準確地說，「天機」是指通達自然之本性，由本源所在無礙地表露於外。由「天性」直通無礙地呈現於外，「不知其所以然」（《秋水》），才是達到「藝」、「文」的眞正實現，這實亦是從「藝」、「文」的本源性上來講「藝」、「文」之產生的。

伍、「自然」：本質技法之別

從本源上來講「藝」、「文」之「自然」、「眞」之類的特質，與只是在技法、風格上講這些是有著不同的。後代大量對詩文技巧藝術的論述常是技法層面的，而推源到本質來規定「藝」、「文」應當「自然」、「眞」是將問題保持在本原的高度的。或許古代文論中從主體內在的修養來把握藝術創作核心的思路與古代的這種本原論觀念有相承衍的關聯。杜維明曾論及：「儒家和道家都確信自我修養是藝術創造活動的基礎（註一八）……它提出了一條解答藝術是什麼而不是解答藝術的功能應當是什麼的思路。在這個意義上，藝術不僅成了需要把握的技巧，而且成了深沉的主體性的展現。藝術感動和影響著我們，因爲它來自人類和天地萬物共有的靈感之源」（《孟子思想中的人的觀念：中國美學探討》）。也就是說，一是藝術的本體、本質論，而一是藝術的技巧、功能論。人格的自然流露是高品質藝、文誕生之源本。如陶淵明「質性自然，非矯厲所得」（《歸去來兮辭序》），後代之推揚亦重其眞性情，沈德潛《說詩晬語》：「陶詩胸次浩然，其中有一段淵深樸茂不可到處」。這種高卓人格與天地萬物之根本屬性相交通，即出以質樸的言辭，也可成爲造成深切感動的藝術，它遠非章句潤飾所可追摹。《韻語陽秋》引述蘇軾之語，以陶詩「採菊東籬下，悠然見南山」，「笑傲東軒下，聊復得此生」，「客養千金軀，臨死消其寶」各句是「知道之言」：

蓋摛章繪句，嘲風弄月，雖工何補？若睹道者，出語自然超詣，非常人能蹈其軌轍也。

此「道」當指大化自然的天地奧秘，「睹道者」同乎《莊子．則陽》：「睹道之人」（註一九），即通達天地質性者，蓋以雕琢藻飾爲對立面，肯定了天人相通，無礙地呈顯於文的藝術的至高地位。從這一角度來看，古代對藝術主體修養的強調就不能僅僅局限於創作論的範圍，實則就藝術本體這一核心而發，應當予以充分的理解。

【附註】

註一　參饒宗頤《老子想爾注校箋．解題》。

註二　《列子．天瑞》：「黃帝曰：『精神入其門，骨骸反其根，我尚何存？』」

註三　《列子．天瑞》：「精神者，天之分，骨骸者，地之分，屬天清而散，屬地濁而聚，精神離形各歸其根」，又曰：「一者，形變之始也，清輕者上爲天，濁重者下爲地，衝和氣者爲人，故天地含精，萬物化生」。

註四　宣穎《南華經解》：「二氣合，則生物形，散於此者，生於彼之始」。《列子》亦有類似說法：「死之與生，一往一反，故死於是者安知不生於彼？」（《天瑞》）

註五　此爲中國古代根源性的觀念，綿延整個中國思想流程，宋明理學中仍是根本的觀念，參閱杜維明《生存的連續性：中國人的自然觀》。

註六　這點對整部中國文學思想史亦有重大意義。尤其中唐後儒學復興到宋明理學成爲思想家之主流，文學的本質論中「道」、「文」關係是一核心。姑不論「道」之義蘊究竟，如朱熹所謂「文皆是從道中流出」，「道者，文之根本，文者，道之枝葉。唯其本乎道，所以發之於文皆道也，三代聖賢之文皆從此心寫出」（《朱子語類》卷一三九）等系思想，多遭時賢痛詆，然似皆未能推溯此一關係結構的源始，予以眞切的剖析。

註　七　《先秦兩漢文學批評史》頁二。

註　八　「初」指「一」「無」即「有」「無」相生之「道」。

註　九　王叔岷《莊子校釋》據《世說新語．文學》劉注補，羅靈峰《道家四子新編》以爲郭象注本有此三字，皆是。實上承「敢問天籟」句，無「天籟者」，文義亦明。

註一〇　「邪」是知非是而故問，參錢鍾書《管錐編》冊三頁八八二、八八三：「邪句乃明知其不然而故問」，「邪句佯問，言外自答曰：非是。」

註一一　參第一章第四節有關部份。

註一二　此「天」與「天地」之「天」不可混淆，是分屬兩層次的。

註一三　參《中國思想通史》卷一論《老子》以「水」作爲物質的『柔』與『下』的象徵來處理（頁二六五）。

註一四　當然，《論語》此處之「美」，朱熹《論語集注》：「美者聲容之盛，善者美之質」，與《莊子．天道》之「美」意義不同，所取僅在孔、莊皆以其學說之核心爲最高。

註一五　見范文瀾《文心雕龍．原道》注一四。

註一六 「美」、「惡」即「美」、「醜」，《山木》：「逆旅人有妾二人，其一人美，其一人惡。」

註一七 《禮記．效特牲》：「天地合而後萬物興」，《老子》：「萬物負陰以抱陽，衝氣以爲和」（四三章）。

註一八 這是徐復觀《中國藝術精神》闡發的主題，對《莊子．田子方》「伯昏無人」一節有很深的揭示，見第二章第十七節。

註一九 《則陽》之「道」正是講天地萬物之運作：「陰陽相照相蓋相治，四時相代相生相殺，欲惡去就於是橋起，雌雄片合於是庸有。安危相易，禍福相生，緩急相摩，聚散以成。此名實之可紀，精微之可志也。隨序之相理，橋運之相使，窮則反，終則始。」

第四章 「虛靜」「物化」：「藝」「文」的創造

古典文論言及創作，尤重「虛靜」一層工夫。劉勰《文心雕龍‧神思》曰：「陶鈞文思，貴在虛靜，疏瀹五藏，澡雪精神」，後句出《莊子‧知北游》：「疏瀹而心，澡雪而精神」，「虛靜」，《莊子》中亦多言及。時人論「虛靜」淵源，往往推溯至《莊子》。然「虛靜」先秦諸子論者甚伙，辭或同一，旨則異趨。因有論者將「虛靜」歸諸《荀子‧解蔽》「虛一而靜」之流衍（註一）。歧見疊出，理董非易。欲明《莊子》與「虛靜」說之關係，當先辨先秦「虛靜」之大略，而後乃可定位《莊子》之意義與地位，進而疏通文學「虛靜」說之承緒，見其本質。

壹、諸子的「虛靜」說

一、「虛靜」四層義

先秦諸子「虛靜」論，《老子》、《莊子》、《管子》、《荀子》、《韓非子》等涉及較多且較爲重要。總而言之，「虛靜」之旨大抵有四：一爲對宇宙本體之觀察所得，一爲致知之途徑、一爲君主治術，一爲養生方法。二、三、四各層可說都是第一層的衍生。

二、《老子》：宇宙觀、致知論與治術

「虛靜」之總要見諸《老子》。尤其在今本十六章。

> 致虛極，守靜篤。萬物並作，吾以觀復。夫物芸芸，各復歸其根。歸根曰靜，是曰復命。復命曰常，知常曰明。

「歸根曰靜」是對「靜」的釋說，是一宇宙論的命題。宇宙間「芸芸」「萬物」之生成演進（「作」）其趨向乃「復歸」其原初（「根」），是即「反者道之動」（四十章），此一運作稱作「歸根」或「復命」，是天地之「常」則。「靜」即置諸此一往復過程中的定性，「歸根」是「靜」，則往是「作」，「靜」相對「作」而言，即趨於不「作」；見其下文「不知常、妄作」，將「常」（「常」即「復命」即「歸根」而「靜」）、「作」對舉亦可了

然。「靜」是「作」、「動」之對立面，驗諸《老子》各章，無不可通，「靜爲躁君」（二六章）一句最明顯。王弼注曰：「不動者制動」，正是以「不動」釋「靜」。「歸根曰靜」是宇宙論命題，「靜爲躁君」是就本末角度而言，錢鍾書《管錐編》論此章：「躁與靜孰先，先乃優先之先(ontologically superior)，非先前之先(chronologically anterior)，較量作用，非溯列程序」（第二冊四二八面）（註二），甚確。然兩者亦頗可互證，「靜」爲宇宙之本根狀態，「動」或「作」由此出又復歸於此，是就先後和程序而言；而「靜」同時亦具本源性，「靜」爲「躁」君，亦此一層申說，「靜」爲「躁」之本，「躁」爲「靜」制，本末正與先後合，是宇宙論與本體論之統一。

「靜」是宇宙論的命題，同時亦導出認識論的命題。十六章之始即確立「虛」「靜」「觀復」的主體態度。帛書甲乙首兩句後皆有「也」，尤以乙本作「至虛，極也，守靜，督也」爲明曉。（註三）持此「虛」「靜」態度觀照萬物之運作，通曉其「歸根」、「復命」趨於「靜」的「常」則，是爲「明」，通貫十六章，中段說宇宙運作原理，首尾相結合，正說明主體對此的觀照，即「虛」「靜」可致「明」之說。

《老子》之「靜」既爲客體宇宙之規定性，且是主體觀照致知之途徑，此於十六章已揭出，然未嘗詳詮其間關聯。《老子》之論往往通貫宇宙運作與人間作爲，而未特別留意於主體一方面，之所以未曾詳詮，非僅爲文辭簡要，亦因此也。

《老子》之「靜」既是宇宙的規定性，其通於人世重在治世而非觀照認識之方式，所謂「靜」即「無爲」，導出黃老「靜因」之方向。

古時哲人法天地宇宙之道而論人事，《老子》尤爲典型，見「天地不仁」而後言「聖人不仁」（五章），又「天地所以能長且久者，以其不自生，故能長久，是以聖人後其身而身先，外其身而身存，非以其無私邪？故能成其私」（七章），這種類仿甚至於不顧「自然」與「仿自然」、「無心」與「有心於無心」的差別（註四），因之雖力倡與天合於自然，施之於行爲，則正刻意矯揉，背逆自然。《老子》之推重嬰兒，是「反成人之道以學嬰兒之所不學而能」，「人而得與天地合德，成人而能嬰兒，皆『逆』也」（《管錐編》冊二頁四二〇至四二一）。《老子》所謂「靜」，在治世上即「爲無爲」（六三章）而已。今本《老子》二六章：

重爲輕根，靜爲躁君，是以聖人（註五）終日行，不離輜重，雖有榮觀，燕處超然。奈何萬乘之主，而以身輕天下？（註六）輕則失本，躁則失君。

高延第《老子證義》：「重謂己身，輕謂天下；靜謂無爲，躁謂有爲。身治而後天下治，無爲而後能有爲」。「靜」之主旨仍在執秉權要者「無爲」的治術。《老子》力主去減人之奢欲，指斥聲色犬馬使人迷狂，「聖人爲腹不爲目，故去彼取此」（十二章），「聖人之治，虛其心，實其腹」（三章），雖有「虛心」之說，而仍在治術。《老子》書中「靜」大抵爲治術而發，「不欲以靜，天下將自定」（三七章），「清靜爲天下正」（四五章），「我好靜而民自正」（五七章），皆是。

三、諸子論「靜」與治術

「虛」、「靜」爲自然界之規定性是先秦各家大多肯定的。《管子・心術上》：「天曰虛，地曰靜」，「天之道，虛其無形」，「天之道虛，地之道靜」，「虛者萬物之始也」。天人貫通，以「虛」、「靜」治世之論蔚爲大觀。《管子・心術上》：「有道之君，其處也若無知，其應物也若偶之，靜因之道也。」「虛」、「靜」之爲「道」，如《淮南子・原道》：「達於道者，反於清靜」。「虛」、「靜」之「道」即治世之術。《原道》下有「窮於物者，終於無爲」，而先秦有「虛靜無爲，道之情也」，（《韓非子・揚權》）《呂氏春秋・君守》：「得道者必靜，靜者無知。知乃無知，可以言君道也」。「虛」、「靜」之「道」即「無爲」，劉向《列子敘錄》：「道家者，秉要執本，清虛無爲」，此「道」爲秦漢新道家或雜家之「道」。這一思想導源自《老子》，後來各家用辭行文大抵相似。《管子・白心》：「聖人之治也，靜身以待之，物至而名自治之」，《內業》：「聖人與時變而不化，從物而不移，能正能靜，然後能定」。《韓非子》一書闡揚「虛靜」爲治術最深切。《主道》之「道」即以「虛靜」爲其內涵：「道者萬物之始，是非之紀也。是以明君守始以知萬物之源，治紀以知善敗之端，故虛靜以待令，令名自命也，令事自定也」，「道在不可見，用在不可知，虛靜無事，以闇見疵」，「人主之道，靜退以爲寶」，《解老》：「以理觀之，事大衆而數搖之則少成功。藏大器而數徙之則多敗傷，烹小鮮而數撓之則賊其宰，治大國而數變法則民苦之，是以有道之君貴虛（註七）靜而重變法」，《揚權》：「聖人執要，四方來效，虛而待之，彼自以之」，「聖人執一以靜，使名自命，令事自定」。《呂氏春秋・知度》：「有道之主，因而不爲，責而不詔，去想去意，靜虛以待」，《任數》：「因者，君術也，爲者，臣道也，爲則扰矣，因則靜矣」。

四、「虛靜」養生與致知、治術

凡上徵引，皆以「虛靜」爲人君治術，與「無爲」相關。然「無爲」是對外在行爲而言，「虛靜」似轉向內在，較《老子》進一步。《管子・心術上》：「嗜欲充益，目不見色，耳不聞聲，故曰上離其道，下失其事」，不修身則不能治天下，歸結修身爲制欲，乃明確轉向內心；其後解曰：「耳目者，視聽之官也，心而無與於視聽之事，則官得守其分矣。夫心有欲者，物過而目不見，聲至而耳不聞」，故此有「虛其欲」之說。《管子》「虛其欲」之說是將《老子》「虛其心」之論群氓移於人君。《管子．心術上》：「虛其欲，神將入舍，掃除不潔，神乃留處」，此以「虛」、「神」相連，頗爲警要；下文闡發更細緻：「去欲則宣，宣則靜矣，靜則精，精則獨立矣。獨則明，明則神矣。神者，至貴也，故館不辟除，則貴人不舍焉」。「虛其欲」實產生兩種發展方向。其一，閉塞視聽，成爲修養身心的路徑：「潔其宮，開其門，去私毋言，神明若存。紛乎其若亂，靜之而自治」。後文「開」作「闕」張文虎《舒藝室隨筆》疑爲「闕」字之誤：「言收視返聽也」，張舜徽《疏證》以爲「其說是也」。「宮者，謂心也，心也者，智之舍也，故曰宮，潔之者，去好過也。門者，謂耳目也，耳目者，所以聞見也。」耳目閉塞，是《老子》五五章：「塞其兌，閉其門，終身不勤」修身之論的承繼。如是，則「虛其欲，神將入舍」即《心術下》所謂「形不正者德不來，中不精（註八）者心不治」，是以靜內修其德之義：「無以物亂官，毋以官亂心，此之謂內德」（註九）。固然，此內德修行可發於外，見於治世之功，如《管子．心術下》所言：「心安是國安也，心治是國治也，治也者心也，安也者心也。治心在於中，治言出於口，治事加於民，故功作而民從，則百姓治矣。」其後《淮南子．原道》申發曰：「心不憂樂，德之至也；通而不變，靜之至也；嗜欲不載，虛之至也；無所好憎，平之至也；不與物散，粹之至也。能此五者，則通於神明者，得其內者也。是故以中制外，百事不廢」。其二，「虛其欲」引向體認知會的方向。《管子．內業》：「敬除其舍，精將自來。精想思之，寧念治之。嚴容畏敬，精將至定。得之而勿舍，耳目不淫，心無他圖，正心在中，萬物得度。」此已含虛空內心而專一無逸，可作用於外之義。《心術下》尤重專一：「專於意，一於心，耳目端，知遠之證（註一〇）。能專乎？能一乎？能毋卜筮而知凶吉乎？能止乎？能已乎？能毋問於人而自得之於己乎？故曰：『思之思之，不得，鬼神教之。』非鬼神之力也，其精氣之極也」。專一從事之而後能有所知所得，《呂氏春秋．博志》更爲簡明：「精而熟之，鬼將告之，非鬼告之也，精而熟之也。」這一系思想，《莊子．知北游》一節與之相類似：「若正汝形，一汝視，天和將至。攝汝知，一汝度，神將來舍。德將爲汝美，道將爲汝居。」

五、《荀子》：「虛一而靜」

「虛」又「專一」，《荀子．解蔽》言說最徹，但其「虛」乃理性的，非去知去欲，絕塞視聽之類。《荀子》謂「道者，體常而盡變，一隅不足以舉之」，「凡人之患，蔽於一曲，而闇於大理」，「曲知之人，觀於道之一隅而未能識也」，同乎《莊子》有見於人智之偏而不全。其所提出的認知方法爲「虛一而靜」：

故知之要在於知道。人何以知道？曰心。心何以知？曰：虛一而靜。心未嘗不臧也，然而有所謂虛；心未嘗不滿也，然而有所謂一；心未嘗不動也，然而有所謂靜。人生而有知，知而有志，志也者，臧也；然而有所謂虛，不以所已臧害所將受謂之虛。心生而有知，知而有異，異也者，同時兼知之，同時兼知之，兩也；然而有所謂一，不以夫一害此一謂之一。心臥則夢，偷則自行，使之則謀，故心未嘗不動也，然而有所謂靜，不以夢劇亂知謂之靜。

「一」、「靜」實即針對《解蔽》篇首「兩、疑，則惑矣」提出（註一一）。「虛」非去滅所知，「不以所已臧害所將受」，即將舊知懸置，並不將知性全視爲偏錯，已知的本身並無錯處，要在主體不可以彼亂此，如《老子》三八章有「前識」，《韓非子．解老》：「先物行、先理動之謂前識。前識者，無緣而妄意度也」。「一」與「虛」有相通處，即不以彼害此（註一二），彼此淆惑。然「虛」是向外排斥所已知。「一」是向內專執於此而不旁騖，後一點參《解蔽》下文益明：「心枝則無知，傾則不精，貳則疑惑」，「自古及今，未嘗有兩而能精者也」。《荀子》「虛一而靜」著重在「一」，即專注而不旁騖，引說古代精通技藝者皆取此點，頗可與《莊子》論「凝」相比論（後詳）。

六、《韓非子》虛靜說：治術與養生

「虛」「靜」而「明」，諸子備言之。《荀子》「虛一而靜」實就致知而發，前引「知道」之後，「虛一而靜，謂之大清明」，如同《老子》「致虛極，守靜篤」而後「知常曰明」。《韓非子．主道》：「去智而有明」，然而此不是認知所可範圍。《韓非子》論「虛靜」大抵為人君而發，如前引及，此亦不例外：「有智而不以慮，使萬物知其處」，斷章取義似說不以人為干預自然，實則是「靜因」馭術：「去舊去智，臣乃自備」，「群臣守職，百官有常，因能而使之，是謂習常」（皆見《主道》）。原來俱有人君之存在。「萬物知其處」是「自然」，但是「明主守自然之道」（《功名》）的「自然」。《老子》亦有「習常」一語：「用其光，復歸其明，無遺身殃，是為習常」（五二章），是修身之論，《韓非子》之「習常」則施之於君臣之道，是導《老》入治術也。《韓非子》「去智」針對臣下，「去其智，絕其能，下不能意」；而其自閉門戶直接針對臣下：「不謹其閉，不固其門，虎乃將存……殺其主，代其所，人莫不與，故謂之虎……閉其門……國乃無虎」（《主道》），《老子》：「塞其兌，閉其門，終身不勤；開其兌，濟其事，終生不救」，則純為修身。《揚權》論「虛靜無為，道之情也」，亦涉及馭術：

凡聽之道，以其所出，反以爲之入，故審名以定位，明分以辨類。聽言之道，溶若甚醉，脣乎齒乎，吾不爲始乎，齒乎脣乎，愈昏昏乎。彼自離之，吾因以知之，是非輻湊，上不與構。

前半段論循名責實，即《主道》：「群臣陳其言，君以其言授其事，以其事責其功」（註一三）。「出」即人臣之「言」，「入」即所成之「事」、「功」，「反」者「反求」也（註一四）體現刑名與法家的結合；而後半段則是援《老》入法，「無言」、「無爲」、以虛馭臣，因而「虛靜無爲，道之情」之「道」不過「治道」而已。「輻湊」據《老子》：「三十輻共一轂，當其無，有車之用」（十一章），將「事之實然，格物之理」化爲「人所宜然，治心之教」（註一五）。

《韓非子》書中非無論「虛靜」於致知、養生者，如「揚權」：「因天之道，反形之理，督參鞠之，終則有始，虛以靜後，未嘗用已」，即說「考論」「道」「理」，不可以固執一偏，「虛靜」而處後，意同《管子．心術上》：「勿先物動，以觀其則」，與「先物行，先理動」之「前識」（《解老》）正相反對。《解老》釋今本《老子》五九章，說：「所謂治人者，適動靜之節，省思慮之費；所謂事天者，不極聰明之力，不盡智識之任」申明不越人過天的謙抑之旨：「聖人之用神也靜，靜則少費，少費之謂嗇，嗇之謂術也，生於道理……

知治人者，其思慮靜，知事天者，其孔竅虛，思慮靜，故德不去，孔竅虛，則和氣日入」，大抵論修養。

貳、《莊子》「虛靜」與主體修養

一、「虛靜」與體道

《老子》中「虛靜」首先作爲宇宙本態而成爲範疇，《莊子》則異乎是。《莊子》尤其是《內篇》將「虛靜」作爲體道的必須。當然「虛靜」作爲體道之必須，仍隱含著道或宇宙之虛靜根本性的觀念，正因道或宇宙之根本性呈「虛靜」，對此根本性的體認和達致才必須是「虛靜」性狀的。「虛靜」成爲主體體認宇宙或道的條件，同時也是依據：因其「虛靜」，主體才能達致宇宙之根本或道，而主體之所以能達致宇宙之根本實因兩者同一「虛靜」。由此可知《莊子》之「虛靜」最突出處在以「虛靜」爲主體修養方面。（註一六）

二、「虛靜」之達致：「心齋」與「坐忘」

《莊子》「虛靜」爲主體修養之要在其獲取「虛靜」之途徑中尤可見出，即所謂「心齋」、

「坐忘」。「心齋」，《人間世》：

若一志，無聽之以耳而聽之以心，無聽之以心而聽之以氣。耳止於聽，心止於符，氣也者，虛而待物者也。唯道集虛（註一七），虛者心齋也。

《知北游》：

汝齋戒，疏瀹而心，澡雪而精神，掊擊而知。

「疏瀹而心」之類說法不止於此，《莊子．山木》：「刳形去皮洒心去欲」，《易．繫辭上》：聖人以此洗心，退藏於密。「坐忘」，《大宗師》：

顏回曰：「回益矣」。仲尼曰：「何謂也？」曰：「回忘禮樂（註一八）矣。」曰：「可矣，猶未也」。他日，復見，曰：「回益矣。」曰：「何謂也？」曰：「回忘仁義矣。」曰：「可矣，猶未也。」他日，復見，曰：「回益矣。」曰：「何謂也？」曰：「回坐忘矣。」仲尼蹴然曰：「何謂坐忘？」顏回曰：「墮肢體，黜聰明，離形去知，同於大道，此謂坐忘。」仲尼曰：「同則無好也，化則無常也，而果其賢乎！丘也請從而後也」。

同上篇：（註一九）

吾猶守而告之，三日而後能外天下；已外天下矣，吾又守之，七日而後能外物；已外物矣，吾又守之，九日而後能外生，已外生矣，而後能朝徹；朝徹而後能見獨。

「心齋」、「坐忘」曾有學者指出其差別，馮友蘭即說：「《人間世》所講的『心齋』和《大宗師》所講的『坐忘』就不同。『坐忘』是代表莊之所以爲莊者，『心齋』則不然。」（註二〇）徐復觀亦以爲，對「知識」、「欲望」兩者，「莊子在說『心齋』的地方，只說擺脫知識，在說『坐忘』的地方，則兩者同時擺脫」（《中國藝術精神》第二章第六節），兩說皆有所窺破。《人間世》「心齋」一節，涉及「氣」之概念確與《管子》之說相關，而參《知北游》可知「心齋」確更重於「知」的一面。但正如徐復觀所說，「欲望藉知識而伸長，知識也常以欲望爲動機」，兩者不可強爲剖分。「心齋」之「無聽之以耳而聽之以心」可理解爲「離形」，「無聽之以心而聽之以氣」可理解爲「去知」。約略而言，如「心齋」重在由耳目、心知至於道或氣之虛的過程途徑；而「坐忘」則在去形、知之後的狀態，之前的忘禮義、仁義、外天下、外物、外生亦皆是過程，朝徹、見獨、坐忘是過程之結果。統而攝之，「虛靜」而已，既是體道或宇宙根本之途徑條件，亦是對道或宇宙根本的獲致。

《莊子》「心齋」、「坐忘」所特須注意者在「忘」，此即主體有意識的行爲，通過「忘」達到空虛澄明的內心境界。《在宥》：

心養（註二一），汝徒處無爲，而物自化。墮爾形體，黜爾聰明，倫與物忘，大同於涬溟，解心釋神，莫然無魂。

此「墮爾形體」即《大宗師》「墮形體」、「離形」，「黜爾聰明」即「黜聰明」、「去知」，亦說「坐忘」之達致，同樣突出一「忘」字。《莊子》書中頗重「忘」，如其推揚離「人」近「天」之義，但更高境界在「人」、「天」兩「忘」，唯「人」、「天」兩「忘」，才眞正與「天」合一：「忘乎物，忘乎天，其名爲忘己，忘己之人，是之謂入於天」（《天地》），即《在宥》之「倫與物忘，大同於涬溟」。然而這終究是有意識的行爲，有「忘」必先有不忘之「志」。返於童蒙皆有知覺之意向活動，如馮友蘭所謂《老》、《莊》標舉童蒙，是「天地境界」混淆於「自然境界」（註二二），因而「忘」是去滅所不忘，「虛靜」同樣是取滅、滅的去除法。

三、「虛靜」之實質：去「知」去「欲」

「虛靜」的實質即在於去知、去欲。去欲體現於「離形」、「墮肢體」方面，如《老子》所謂「吾有大患，在吾有身」，能免於「身」即可免於「欲」。對「欲」之節制是各家通識，如《孟子・盡心下》：「養心莫善於寡欲」，《老子》：「少私寡欲」（十九章），《管子・心術上》：「虛其欲」等皆是。《莊子》亦明稱「其嗜欲深者，其天機淺」（《大宗師》）。

《莊子》之「離形」、「墮肢體」與《老子》之「無身」，不過是極言去身去欲之旨。《達生》講梓慶削木為鐻之寓言，言及「心齋」：「齊（齋）以靜心，齊三日而不敢懷慶賞爵祿，齊五日而不敢懷非譽巧拙，齊七日輒然忘吾有四肢形體」。其所懷功名利祿之機心即欲望，必由「心齋」革除，正是「去欲」一層。至於知性，《莊子》從根本上表示不信任。《齊物論》就指出了知性活動的限制，所獲致不過是偏面的認識，「分」則「毀」（註二三）。《莊子》之「知」實以「名言」之「知」為主，「名言」之「知」紛紛紜紜，然實無當於對本體「道」之把握。「道」超乎名言知性之上，可「體」而不可「知」，《大宗師》「坐忘」一節「同於大通」即同指同一於大「道」。《在宥》「心養」一節，稱「渾渾沌沌，終身不離，若彼知之，乃是離之，無問其名，無窺其情，物固自生」。「渾沌」即言名不可離析之本體，唯終身與之合一是正道，「知」即「名」，若欲「知」而「名」之，「乃是離之」。本體是自在自衍的，名言加之是對此一存在生衍過程的離析，這實是思想史之先覺。現代西方哲人亦有見於此，海德格爾《形而上學導論》言及一切存在物都不會受人為概念之影響。此即《大宗師》所謂「同則無好也，化則無常也」，「好」，偏好也，與本體同一則無偏，與之俱「化」，無有「常」則。後一句可參稽蘇格拉底之言：「變化時便沒有知識可言，如果一切在過渡中不斷進行，那就永遠沒有知識。」（註二四）

四、「虛靜」養生之承啓

「欲」、「知」二者互爲關聯，對本體賦予名言以自矜是欲的一種表現，由知性更擴張了實現欲望的行動，在《莊子》看來皆是有害、傷生的，《在宥》因謂：

至道之精，窈窈冥冥；至道之極，昏昏默默。無視無聽，抱神以靜，形將自正；必靜必清，無勞汝形，無搖汝精，乃可以長生。目無所見，耳無所聞，心無所知，汝神將守形，形乃長生。愼汝內，閉汝外，多知爲敗。

講求「形」、「神」（「精」）兼修，無所勞疲，而後得以「修身」，《刻意》：

悲樂者，德之邪；喜怒者，道之過；好惡者，心之失。故心不憂樂，德之至也；一而不變，靜之至也；無所於忤，虛之至也；不與物交，淡之至也；無所於逆，粹之至也。

此一類「恬淡寂寞虛無無爲」的養生之術，在後代流衍甚多。枚乘《七發》：「澡漑胸中，洒練五藏」；《淮南子》言及「聖人」：「恬愉虛靜，以終其命」（《精神》），而世俗之學「擢德攓性，內愁五藏，外勞耳目」，標舉「靜漠恬淡，所以養生也；和愉虛無，所以養德也。外不滑內，則性得其宜，性不動和，則德安其位。養生以經世，抱德以終年，可謂能體道矣」（《俶眞》），皆其流亞。。先秦典籍中以虛靜節欲爲養生者，如《管子・內業》

一篇尤近《刻意》：

凡人之生也，必以其歡，憂則失紀，怒則失端，憂悲喜怒，道乃無處。愛欲靜之，遇亂正之，勿引勿推，福將自歸。彼道自來，可藉與謀，靜則得之，躁則失之。靈氣在心。一來一逝，其細無內，其大無外，所以失之，以躁為害。必能執靜，道將自定。得道之人，理丞而屯泄，匈中無敗，節欲之道，萬物不害。

《管子》、《莊子》皆主人仿類天地之虛靜以獲養生之目的，如《管子・內業》：「天主正，地主平，人主安靜……能正能靜，然後能定。定心在中，耳目聰明，四枝堅固，可以為精舍」；《莊子・刻意》：「夫恬淡寂漠虛無無為，此天地之本而道德之質也」。唯有虛靜之後乃能不疲竭，《莊子・天道》：「其動也天，其靜也地，一心定而天地正，其魂不祟，其魂不疲，一心定而萬物服，言以虛靜推於天地，通於萬物，此之謂天樂」；《刻意》：「不為福先，不為禍始，感而後應，迫而後動，不得已而後起……其神純粹，其魂不疲，虛無恬淡，乃合天德」。唯有虛靜而不疲竭才能容受與天地精神之匯融，《管子・心術上》：「虛其欲，神將入舍」，《莊子・人間世》：「虛室生白，吉祥止止，徇耳目內通而外於心知，鬼神將來舍」，《知北游》：「攝汝知，一汝度，神將來舍，德將為汝美，道將為汝居」。但兩者之間亦有差異。錢鍾書《談藝錄》指出：「管子曰：『思之思之，精氣之極』，莊子曰：『以無知知』，『外於心知』。蓋一則學思悟三者相輔而行，相依爲用，一則不思不慮，無見無聞，以求大悟」（附說二十二），即《管子》更執著於知性的思慮，而《莊子》則重「忘」在「心」自身欲念、知性之去滅，此點錢氏稱爲「神秘經驗」，馮友蘭則稱爲「純粹經驗」，實即去知去欲之後無知無欲而與天地合德的心靈狀態，「在純粹經驗中，個體即與宇宙合一」（《中國哲學史》頁二九八）。「虛靜」而與「天」「合一」的思想有著深遠的觀念淵源，根本在於古人對生存的認知。古人以天地合而生萬物，天賦精神，地賦形體（註二五），《禮記．郊特牲》：「天地合而後萬物興焉」，《淮南子．精神》：「精神者所受於天也，而形體者所稟於地也」，因而精神參與萬物之生成，《管子．內業》：

凡物之精，此則爲生，下生五穀，上爲列星。流於天地之間，謂之鬼神，藏於胸中，謂之聖人。

《呂氏春秋．盡數》：

精氣之集也，必有入也。集於羽鳥，與爲飛揚；集於走獸，與爲流行；集於珠玉，與爲精朗；集於樹木，與爲茂長；集於聖人，與爲敻明。

由此可知如《莊子》所謂「天地與我爲一」，「萬物與我爲一」、「通乎天地之一氣」等的底蘊，那不過是古時原始生成觀念的衍展，所謂「合天」之類皆可上溯至此一觀念。這樣，

「虛靜」而「合天」得以養生的思想實質，也就是要與天地相與爲一，把握生命存在的源本所在。這同樣是在「天」、「人」關係間定位的。

五、「虛靜」的容受趨向

既然天地合生萬物，入於人心的精氣是應當容受的，因而「虛靜」就不是完全的寂滅，在去除人的自欲自知的同時，它向生命的根本、通於「天」、「人」的「精神」暢開。「虛靜」的主體既與天爲一，則有其超越性的一面，與天地同其委蛇。《天道》：「夫明白於天地之德者，此之謂大本大宗，與天和者也」。所謂「和」即在「天」、「人」的協調，「人」所「和」的對象即「天」、「道」。「天地之德」的「德」實與「道」相關。在「天」爲「道」，在「物」爲「德」，「物得以生謂之德」（《天地》）也。「德」、「和」關係密切，《莊子》多處言及，《德充符》：「德者，成和之修也」，《繕性》：「天德，和也」。與「道」相「和」，以「虛靜」爲途徑和目標。《天地》：「性修反德，德至同於初，同乃虛，虛乃大」即此意，與「道」（「初」）「同」之過程與「虛」的獲致是一致的，也正因「虛」而實現同於天地道德之「大」。從此更可明了「虛靜」並非完全止於寂滅。乃導向容受萬物之遷變，業已向「動」之方向趨指。「虛靜」而後「精」、「神」來舍，與天同德，而充實、而自由，所謂「充實而不可以已」（《天下》）（註二六），即指這種與天地遷變爲一體的不可抑止的發抒，唐代劉禹錫的詩句「靜得天和興自濃」（《和僕射牛相公見示長句》）正是這一寫照。《莊子》中最生動地體現這種靜而動的關係的當是《大宗師》：「其心志，其容寂，其顙頯，凄然似秋，暖然似春，喜怒通四時，與物有宜，而莫知其極」。

叁、虛實靜動的轉化

一、認知活動中的虛實靜動

由「虛」、「靜」而得「實」、「動」在古代認識論中是常談，前論及之《老子》、《管子》、《荀子》皆是如此。《莊子》中亦見此一方面的論述。《天道》：「夫虛靜恬淡寂寞無爲者，天地之本而道德之至，故帝王聖人休焉。休則虛，虛則實，實者備矣。虛則靜，靜則動，動則得矣。」此雖雜有帝王馭下之術在內，但虛實靜動之轉化顯豁可繹。此一轉化固極具辯證意味，但尚是觀照自然界理則而得之知性收穫，可施於思維認識，於精神情感之虛實靜動仍有距離。這類論述大抵取譬於水、鏡：「人莫鑑於流水而鑑於止水」（《德充符》），「水靜則明燭須眉，平中準。大匠取法焉。水靜猶明，而況精神」（《天道》）；《荀子・

解蔽》亦曰：「人心譬如槃水，正錯而勿動，則湛濁在下而清明在上，則足以見鬚眉而察理矣；微風過之，湛濁動乎下，清明亂於上，則不可以得大形之正也」。鏡喻亦然，《德充符》：「鑑明則塵垢不止，止則不明也」，《應帝王》：「至人之用心若鏡，不將不迎，應而不藏」，《天道》：「聖人之心靜乎！天地之鑑也，萬物之鏡也」。鏡喻早見《老子》十章，今本「滌除玄覽，能無疵乎」，「覽」當是「鑑」字（註二七），義同上引《莊子．德充符》。

二、「體道」中「虛靜」、「養氣」與藝術論

《莊子》體道則由與天合德的「虛靜」進取充實、自由之發抒，不僅止於理知之認識，是全身心的體驗，與藝術更切近一層。由此再看「心齋」：「無聽之以耳而聽之以心，無聽之以心而聽之以氣」，是說當去耳目心知之執，以「氣」爲最高，此「氣」即是所謂「精氣」或「道」；「耳止於聽，心止於符」即以耳目心知各止於所當的職事，因它們不能達到對大「道」的體認，體認大「道」仍有待於「虛」即「心齋」。只有內心澄明，「唯道集虛」。此一「道」當即如「精氣」之類，「虛」是澄明之心（註二八）。當是之時，「瞻彼闋者，虛室生白」（《人間世》），此即《庚桑楚》所說：「宇泰定者，發乎天光；發乎天光者，人見其人，物見其物」。由與天地之「道」或「氣」的溝通，進而與之同一，得到充實和自由

的發抒，此種神秘的經驗與藝術頗有關聯。這一關聯即在中國古典藝術觀念並不將本源性的藝術視作是主體憑空之創造，而視爲「自然」或「天」或「道」經由「人」的生成（註二九）。《莊子》「虛靜」落實定位於藝術中，主要即在於「天」、「人」之際的感發和應和這一溝通階段。此時詩人或藝術家心靈澄澈空明，以與「天」或「道」相呼應、相融攝，眞正體認「天」或「道」之眞諦，以待而後以各種藝術媒介手段予以傳達，是即古典藝術論「虛靜」說之根本，亦「養氣說」之根本，同時也是「虛靜」、「養氣」相關的原由。

「虛靜」、「養氣」合說最典型的莫過於劉勰，紀昀評《文心雕龍．養氣》：「此非惟養氣，實亦涵養文機，《神思》虛靜之說，可以參觀」。黃侃《文心雕龍札記》亦云：「養氣謂愛精自保，與《風骨》篇所云諸『氣』不同。此篇之作，所以補《神思》篇之未備，而求文思常利之術也」。《神思》有「陶鈞文思，貴在虛靜」，「疏瀹五藏，澡雪精神」之語，又講「秉心養術，無勞苦慮，含章同契，不必勞情」，「桓譚疾感於苦思，王充氣竭於思慮」，皆否定苦思；《養氣》所謂「率志委和，則理融而情暢；鉆研過分，則神疲而氣衰」。主張「清和其心，調暢其氣，煩而即捨，勿使壅滯」，同於前《神思》之論。「養氣」以不勞形竭神爲主，要在作者文思鬱積，「玄神宜寶，素氣資養」，遠源即如《莊子》、《管子》之虛其欲知，保養神氣。雖然劉勰論文，其「養氣」終歸導向筆墨文辭，但總要在於主體保養，同於《莊子》虛靜說主要定位於藝術中「天」、「人」之間，而不是「人」、「文」之間。論者言及「養氣」往往溯於《孟子・公孫丑》。其實《孟子》之「養氣」，姑不論其「氣」之性質如何，所「養」方式並非「寶」、「率」：「其爲氣也，配義與道，無是餒也，是集義所生者」。所謂「集義」即不斷向外實踐而培育生成，與《莊》、《管》之「容受」、「會通」天地之「氣」斷然不同。《孟子》體現的是一種由內心之善端發揚光大，剛健進取的精神方向。後來唐代的韓愈在作文方面予以發揮，講主體修養與文章成就的關係：「氣，水也；言，浮物也。水大而物之浮者大小畢浮，氣之於言猶是也。氣盛則言之短長與聲之高下者皆宜」，「養其根而俟其實，加其膏而希其光，根之茂者其實遂，膏之沃者其光曄，仁義之人，其言藹如也」（《答李翊書》），也是從內充實而外現的一路上講的，與體會天或自然之眞相，自然流出似異趨。

由「虛靜」而容受天地大「道」的心理過程，既可追溯與古代天人觀念的關係，亦與宗教心理相似。慧遠《念佛三昧詩集序》：「人斯定者，昧然忘知，即所緣以成鑑，鑑明則內照交映，而萬象生焉」，其中道理在「想寂則氣虛而神朗，氣虛則智恬其照，神朗則無幽不徹」。劉禹錫也早講到「因定而得境」的情況，「能離欲則方寸地虛，虛則萬景入」（《秋日過鴻舉法師寺院便送歸江陵引》），其間用辭取譬類似《莊》、《管》。錢鍾書《談藝錄》

即等同「道家之虛室生白，佛家之因定生慧」：「『靜則動，動則得』，即定生慧也」（《附說二十二》）。虛靜、養氣、與天地萬物合一而發抒之，陳繹曾《文說》言之甚透：

> 養氣之法，宜澄心靜虛，以此景、此事、此人、此物，默存於胸中，使之融化與吾心爲一，則此氣油然自生，當有樂處，文思自然流動充滿而不可遏矣。

澄靜心懷即養氣，與所面對的事物融爲一體，充實豐沛而後發抒。細究其心物關係，由宇宙與主體之心轉換爲主體之心與其心指向之物，此亦由體道之「天」、「人」到寫藝之「人」、「文」不能不有異者。實際上，《莊子》也不是只講與「天」合一，在這最高的層面實現下，也有「與物爲春」的一層（《德充符》）。寫藝、造藝的「人」、「文」結構中，「天」、「人」之間「虛靜」而同一的關係轉化爲「人」之「心」與對象「物」的關係，其中可析爲二層，一澄靜以容受，二專注融合，這與前者還是類似的。

肆、「虛靜」的藝術意義

一、容受：「空」

古典藝術論以本源性藝術植根於宇宙之「道」，此點儒、道各家大致相同。劉勰推論文章之源，將「道之文」與「言之文」相類比，推溯人類文化於宇宙之始初，「人文之元，肇自太極」，因而「言之文也，天地之心哉」（註三〇）。「道」是自然流出，呈顯於萬物，所謂「傍及萬品，動植皆文」。至於「言之文」概莫能外，只是經過了「人」之中介。《原道》指出「人」：「性靈所鍾，是謂三才，爲五行之秀，實天地之心。心生而言立，言立而文明，自然之道也」，明確含有「天」至「人」至「文」的呈現路向，即「道沿聖以垂文」，就主體一方面言，則是「聖因文而明道」。對於「道」，作爲主體只能談說、顯現之而不能創造；因之欲「明道」，自當先體認此「道」。故此，莊學「虛靜」以容受「道」的觀念爲古典藝論打開了一關鍵，正由此，「天」、「人」、「文」的藝術實現才成爲可能，成爲一道通途。莊學所揭示主體人與宇宙、道的融攝是高屋建瓴的總綱，它使古典詩學中詩及詩人個體在精神品格上具有超越的意義在。至於詩人之心靈與個別表現對象的融合也是以前者與宇宙大「道」的相通爲基本背景的。當然兩者之間終有不同，與物的相互兼容是具體藝術實踐不能不有的藝術過程，但顯然已落實於「人」至「文」的藝術實現階段，與《莊子》體道養生之「虛靜」「合天」之論定位於「天」、「人」之際是有差異的。《莊子》外雜篇中諸多論藝寓言的意義實亦當從此理會。

劉若愚說中國文學批評中「鏡」之隱喻表心之虛靜，而非世界之映現（註三一），這話實只說對一半。古典詩學之「鏡」喻多爲「心鏡」，誠是。但虛靜是此心鏡的本性，而虛靜能呈現世界本相則是心鏡之用。論藝的「心鏡」，未有不作外在世界映現的，此即「虛靜」能容受萬物的特點。陸機曾說到「收視反聽」的心境（註三二），實即不爲外所撓，如《莊子·天道》：「昧然無不靜」，「萬物無足以鐃心者，故靜也」；而後能「耽思旁訊，精騖八極，心游萬仞」（《文賦》），由靜之動，在空間上無限擴大，自由懸想，包孕萬有。蘇軾《贈參寥師》：「欲令詩語妙，無厭空且靜，靜故了群動，空故納萬境」，此詩徵引極多，但我以爲對「靜」、「空」的理會未必全得其序次，「靜」、「空」似不僅是並列的關係，更有先後的層次，「靜故了群動」是說靜定使外物不撓於心，「靜」而後能「空」，「空」則容受萬千景象，著重於「空」之容受性；王國維《文學小言》：「吾人之胸中洞然無物，而後其觀物也深，而其體物也切」。

二、專一：「凝」

虛靜而專一是論藝之要旨。如只體道養生可不拘一事一物，心齋坐忘，去欲去知，同於大道，混沌無知覺，已達致目標。寫藝、造藝則有所不同，最終將具體化落實於一對象，因而論藝中的虛靜終歸將執著一事一物，反復涵詠，排卻外物。其實精神修養也有落實於特定對象的，只不過它不是藝術表達的對象。《成唯識論》卷五：「雲何爲定？於所觀境，令心專注，不散爲性，依斯便有抉擇智生」。《莊子．大宗師》述「外天下」、「外物」、「外生」而後得「朝徹」、「見獨」；此「獨」或釋爲「道」，以「獨」形容「道」，見出「道」超乎種種關涉而獨存的超越性，也表明「道」作爲排卻外物而最終專注的對象，郭象注：「忘先後之所接，斯見獨者也」，即說此點。寫藝、造藝即須具備此等專注精神，《莊子．達生》所謂「用志不分，乃凝於神」（註三三），「承蜩」寓言即說解此意。

仲尼適楚，出於林中，見痀僂者承蜩，猶掇之也。仲尼曰：「子巧乎？有道邪？」曰：「我有道也。五六月累丸二而不墜，則失者錙銖；累三而不墜，則失者十一；累五而不墜，猶掇之也。吾處身也，若厥株拘，吾執臂也，若槁木之枝。雖天地之大，萬物之多，而唯蜩翼之知，吾不反不側，不以萬物易蜩之翼，何爲而不得？」

此「唯蜩翼之知」即「凝於神」，「不以萬物易蜩翼」即「用志不分」。《知北游》一節可與此相參。

大馬之捶鉤者，年八十矣，而不失豪芒。大馬曰：「子巧與？有道與？」曰：「臣有守也。臣之年二十而好捶鉤，於物無視也，非鉤無察也。是用之者，假不用者也，以長得其用，而況乎無不用者乎？物孰不資焉！」

「與物無視、非鈎無察」即「不以萬物易蜩之翼」，「用志不分」之意。「梓慶爲鐻」一節亦有「心齋」之後「其巧專而外滑消」，「專」、「凝」同義。「凝」，「專」都是說一心一意於所施對之物事，只有如此才能成就一種學習或一項工作。這其實是先秦諸子的一般認識，如《孟子》有「弈秋」（註三四）故事，《荀子．解蔽》重在主體之認知層面：

《詩》云：「采采卷耳，不盈頃筐，嗟我懷人，置彼周行」。頃筐易滿也，卷耳易得也，然而不可以貳周行。故曰：心枝則無知，傾則不精，貳則疑惑。

將《詩》意向認識論方面作了引伸，倒是後文「自古及今，未嘗有兩而能精者也」，較爲切合《詩》之原意，且所舉各例都是專一藝而能成就的：

好書者眾矣，而倉頡獨傳者，壹也；好稼者眾矣，而後稷獨傳者，壹也；好樂者眾矣，而夔獨傳者，壹也，好義者眾矣，而舜獨傳者，壹也；倕作弓，浮游作矢，而羿精於射；奚仲作車，乘杜作乘馬，而造父精於御。自古及今，未嘗有兩而能精者也。（註三五）

然而它比較《莊子》之「凝」、「專」似較爲淺層，且涉於知性。《莊子》之「凝」、「專」是「虛靜」總前提之下的精神專注狀態，如陸機《文賦》：「罄澄心以凝思」最好地寫出這種情狀，《莊子》以「神全」或「德全」形容此種狀態，《達生》：

紀渻子爲王養鬥雞，十日而問：「雞可鬥已乎？」曰：「未也，方虛驕而恃氣」。十日又問，曰：「未也，猶應嚮景」。十日又問，曰：「未也，猶疾視而盛氣」，十日又問，曰：「幾矣。雞雖有鳴者，已無變矣，望之似木雞矣，其德全矣。異雞無敢應者，見者反走矣。」

此「德全」或「神全」即虛靜至極，凝定無移的狀態，《刻意》：

夫恬淡寂漠虛無無爲，此天地之本而道德之質也。故聖人休焉，休焉則平易矣，平易則恬淡矣，平易恬淡，則憂患不能入，邪氣不能襲，故其德全而神不虧。

「德全」、「神全」則無往而不利，《達生》：

若是者，其天守全，其神無隙，物奚自入焉。夫醉者之墜車，雖疾不死，骨節與人同而犯害與人異，其神全也。

《莊子》尤其精深處在於其「凝」、「專」導向「物化」，不僅心不旁移，從而眞正深入寫藝心理的本質。呆若「木雞」即是渾然忘我之表證。但「木雞」之「德全」是指內在修養至極，尙蘊蓄於內，未曾施於外在，有似「忘我」，「合天」的「虛靜」。至於《莊子》論藝寓言與體道之「虛靜」已有不同。造藝實踐、心手相與爲用，在一具體對象上實現現象的藝術當心手並施。「用志不分」、「凝於神」只涉及「心」，尙有「手」一方面，《達生》：

工倕旋而蓋規矩，指與物化而不以心稽，故其靈台一而不桎。

此處標明「指與物化」，實則痀僂丈人「執臂也，若槁木之枝」亦是與此相類的「臂與物化」。比觀「木雞」狀態與「指與物化」，知「物化」不可一概而論，當細加區劃。

伍、物化

一、「物化」諸義

《莊子》中「物化」約可析爲兩層，其一爲「物之化」，重在「化」。「化」不過是「變」，《荀子・正名》：「狀變而實無別而爲異者謂之化」。在《莊子》看來，世間萬物無不遷變，此即「化」。生命是主體最切近的體認對象，「物之化」尤其關注「人」與非「人」之物即主體與非主體之間的轉化，也即生死。《大宗師》申述「以無爲首，以生爲脊，以死爲尻」，「死生存亡爲一體」之旨。

子來有病，喘喘然將死，其妻子環而泣之。子犂往問之，曰：「叱，避！無怛化！」倚其戶與之語曰：「偉哉造化！又將奚以汝爲？將奚以汝適？以汝爲鼠肝乎？以汝爲蟲臂乎？」

這一層意思不過以爲人生是一遷變過程的一段落，無須執著。此中或亦有「精氣」觀念的作用，「與造物者爲人而游乎天地之一氣」，故當保持之：「有駭形而無損心，有旦宅而無耗精」。「精氣」長存，對生死遷變的態度就是「安時而處順」的「懸解」：「浸假而化予以左臂以爲雞，予因以求時夜；浸假而化予以右臂以爲彈，予因以求鴞炙；浸假而化予之尻以爲輪，以神爲馬，予因以乘之，豈更駕哉！」又《至樂》：「生者，假借也，假之而生生者，塵垢也。死生爲晝夜，且吾與子觀化而化及我，我又何惡焉」。此可總括以「其生也天行，其死也物化」（《天道》、《刻意》）之論。《齊物論》：「昔者莊周夢爲蝴蝶，栩栩然蝴蝶也（註三六），不知周也。俄然覺，則蘧蘧然周也。不知周之夢爲蝴蝶與？蝴蝶之夢爲周與？周與蝴蝶，則必有分矣。此之謂『物化』。」所謂「必有分」是知性之判斷，而難以辨別，正知性之不能析清之局限性，概以「物化」則通達，是超乎「人」、「物」分別，由「天」而生發的總論。

「物化」之第二層義即「化於物」。「物之化」謂宇宙遷變兼及主體與變爲體的主觀態度，此「化於物」則變順從而爲主動。「化於物」又可析爲二方面：其一爲「心與物化」，即修養之術，其二爲「指與物化」，更落實於寫藝、造藝的實踐。（註三七）「心與物化」由「虛靜」而得，「指與物化」則更待實踐修習。

二、「心與物化」與「指與物化」

「心與物化」之極致是「形如槁木，心如死灰」（《齊物論》、《知北游》、《庚桑楚》、《徐无鬼》等皆有此語），此「心如死灰」的狀態實由虛靜而得。其一是去滅，《齊物論》開篇：「南郭子綦隱机而坐，仰天而噓，答焉似喪其耦」，顏成子游乃發問：「形固可使如槁木，而心固可使如死灰乎？」南郭答曰：「今者吾喪我，汝知之乎？」「喪」是一關鍵。其二即凝神專一而後物化，《知北游》：「正汝形，一汝視，天和將至；攝汝知，一汝度，神將來舍。德將爲汝美，道將爲汝居」。此「天和」與「神」、「德」皆有精神氣息之意（註三八），由「一」而後與天地道德和氣相通。於是有「形若槁骸，心若死灰，眞其實知」的狀態。

「虛靜」與「物化」都講渾然忘我的狀態，只是「虛靜」比較而言更重靜態的容受、「虛而待物」的方面，而「物化」之「化於物」則有向外冥合的趨向，其凝神於虛待之對象，即以此對象爲全部身心所合同的全體存在，這就呈現了具體化的走向。「虛靜」體道，所溝通尚在縹緲的道德和氣，道德神來「舍」來「居」，是順從的容受，而「心與物化」則已呈外向化，有一所對待的物象。「指與物化」較之「心與物化」更爲現實化一層，「心與物化」

之「物」尚是心境所對待的「象」(註三九)，而「指與物化」之「物」則是現實的實踐中有形跡的實在者。事實上，正是通過「心與物化」而後實現「指與物化」，「虛靜」的心態建構才在藝術活動中眞正得到實現。這也就是上面說及的《莊子》之「凝於神」不止如《孟子》、《荀子》之專一不旁騖，而通過與「物」同，從而眞正深入寫藝、造藝之本質的緣故。

「心與物化」、「指與物化」皆講「凝」、「一」，《達生》謂「指與物化」就指出其「靈台一」，可見只有「心與物化」之「凝」、「一」，而後才有「指與物化」的「一」。「心與物化」的極致如「德全」之「木雞」所象徵，但從寫藝、造藝實踐來說，僅是一種可能。「物化」之「心」並非完全死寂，而是與「化於物」之「物」同一自由遷變，如蝴蝶之「栩栩」。這前亦言及。朱熹就說：「如何都靜得？有事須著應……若事至前，而自家即要主靜，頑然不應，便是心都死了」(《朱子語類》卷十二)。「心都死了」便如《天下》所批評的愼子「非生人之行而至死人之理」。實則《莊子》之「心」尚是活的，並未完全泯絕靈性，與物混同；「古之人，外化而內不化；今之人，內化而外不化。與物化者，一不化也」(《知北游》)。說到究竟，「心若死灰」亦是極而言之的話，「若」即非全然等同(註四〇)。如痀僂丈人譬「若槁木之枝」，猶能「承蜩猶掇」。《莊子》中兩處有問，《齊物論》：「形固可使如槁木，而心固可使如死灰乎？」《徐无鬼》：「形固可使如槁骸，心固可使若死灰乎？」雖非正面肯定，但正透出兩者並不全同的消息。這點《管子》也有議論，《內業》：「聖人與時變而不化，從物而不移」，「化不易氣，變不易智，唯執一之君子能爲此乎？」只有「心與物化」而後達到完全的自由才眞正通向「指與物化」的境界。

總體而言，「物化」之「物之化」與「化於物」二層就主體的態度有被動，主動之別，而認識到「物之化」而來的「懸解」態度與「化於物」之「心與物化」較多內心修養的因素，「指與物化」則是實踐的層面。兩者乃道藝之別，道在內心，藝爲外現，這不同於克羅齊所謂直覺即表現。「心與物化」即如夢蝶翩躚，只是一種藝術的心態，是實現藝術的可能，只有經「指與物化」，而後才有藝術的現實的存在。

三、「以天合天」

道、藝之間最主要差別在藝術的表現過程。感興在於「虛靜」、「凝神」的體味，而表達則特須習修。蘇軾將此分別爲「道」、「藝」，所謂「有道而不藝，則物雖形於心，不形於手」（《書李伯時〈山莊圖〉後》），以爲「心手不相應」，「不學之過」（《文與可畫篔簹谷偃竹記》）。這在西方也有同調，狄德羅嘗言：「胸中作畫全憑詩趣，在紙上作畫則全憑功力」（《繪畫論》），詩趣之孕生是心理之感興，功力則全憑積累。要完成藝術的整個過程，即當如蘇軾所主張的道藝兼進。「痀僂丈人」等都講到了實踐積累的過程。《達生》「梓慶削木爲鐻」對兩個方面兼言之，描畫最精，當其「心齋」忘利忘己之後：

其巧專而外滑消，然後入山林，觀天性，形軀至矣，然後成見鐻，然後加手焉。不然則已。則以天合天，器之所以疑神者，其由是與？

持著去除我執後的虛靜心態，觀山木之「天性」，如其所欲求的形態，「木質宛然恰可爲鐻」，「恍乎一成鐻在目」（宣穎《南華經解》），此「成鐻」即「虛靜」之「心」「與物化」所對待的「象」；而後「以天合天」，林希逸《南華眞經口義》：「以我之自然，合其物之自然，故曰以天合天」，是以前一「天」屬主體，後一「天」屬客體；「加手」的過程就是造藝的外在實踐。「以天合天」極具卓識，馬克思《一八四四年經濟學哲學手稿》論及人之創造活動，以爲它不僅按照物種之尺度且依據內在的尺度，即主客體兼攝的實踐：

動物只依照它所屬的物種的尺度和需要來造形，但人類能夠依照任何物種的尺度來生產，並且能夠到處適用內在的尺度到對象上去。

這對「以天合天」的理會是有意義的。

《達生》「梓慶」一節完整體現了從虛靜到造藝實踐的全過程。「指與物化」主要就造藝實踐而言，「痀僂丈人」「執臂也若槁木之枝」，倕之「指與物化」皆就主體器官與所用以表現之工具的合一。這有兩方面，其一，如「梓慶」之「觀天性」，「成見鐻」，「痀僂」之「唯蜩翼之知」，由虛靜體知自然之眞性，經由主體之「心」，發抒於外，是主體的主動；其二如倕之旋，《天道》之輪扁斫輪，「徐則甘而不固，疾則苦而不入，不徐不疾，得之於手而應於心」，是由實踐修習適應物性，得以物我相合，重在客觀的外在的條件、要求。實則兩者相輔相成，所謂「心有志而物有性，造藝者強物以從心志，亦必降心以就物性。自心言之，則發乎心者得乎手，出乎手者形於物；而自物言之，則手以順物，心以應手。一藝之成，內與心符而復外於物契，匠心能運而復因物得宜」（《管錐編》第二冊頁五〇八），如《巴黎手稿》所言之「自然的人化」和「人的自然化」相與而成，自然與人在實踐中得以共同改進。當然，《莊子》未及如此通透的境界，其較爲著重的仍在「人」之依順於「天」，以「天性」爲「己」性。如《達生》「呂梁丈夫」故事，之所以從心所欲，出沒瀑流，正因「生於陵而安於陵」，「長於水而安於水」，「與齊俱入，與汩偕出，從水之道而不爲私焉」（註四一）。

「心與物化」，「指與物化」至於極致是藝術實踐中之物、心、手通貫爲一，未有隔礙：虛靜凝神實現「物」（象）與「心」之通貫，是爲「心與物化」；實踐修習，「以天合天」，實現「手」、「物」（有形的實在）之通貫，以「指與物化」爲中介，略示如下：

　　　虛靜凝神　　實踐修習
物（象）——→心——→物（有形的實在）
　　　心與物化　　指與物化

此一通貫似實現了主體的消失，《達生》「工倕旋而蓋規矩」，「其靈台一而不桎」，此「不桎」即無所窒礙之義。這與《莊子》關於藝術當是自然呈顯，超越人爲的觀念是相符合的。當其「以天合天」，「依乎天理」，「因其固然」（《養生主》），則心、手，皆處於無所阻礙的自由運作之中，所謂「神遇而不以目視，官知止而神欲行」（同上）。林希逸《南華眞經口義》：「指與物化，猶山谷論書法曰手不知筆，筆不知手是也。手與物皆忘」。這是古人常談，譚峭《化書・仁化》：「心不疑乎手，手不疑乎筆，忘手筆然後知書之道」；蘇軾《小篆般若心經贊》：「心忘其手手忘筆」；蘇轍《墨竹賦》：「忽乎忘筆之在手，與紙之在前」（註四二），皆是一意。書畫之類是以形跡本身爲藝術本體的種類，對心、手、物關係較爲直觀，論者自然多；而詩文以文字爲媒體，亦有援以入論的，王士禛論詩「當筆忘手，手忘心乃可」（《居易錄》）。實則詩文寫作尤須習學，並不遜於書畫，只是有其特殊性，即頌讀歷代篇章，積累學問，古典文論家於此早抉發透闢。陸機《文賦》論「虛靜」之後緊接讀書：「佇中區以玄覽，頤情志於典墳」，「詠世德之駿烈，誦先人之清芬，游文章之林府，嘉麗藻之彬彬」；劉勰《文心雕龍·神思》「澡雪精神」後亦緊接「積學以儲寶」。至於極，則如江西派之主張「點鐵成金」，「奪胎換骨」，在古人文網中編補不輟。即嚴羽主「悟」，以爲「詩有別材，非關書也」，也辯證地認識到「非多讀書」，「則不能極其至」，主張自「楚詞」以下至盛唐名家，「醞釀胸中，久之自然悟入」（《滄浪詩話·詩辯》）。這是著眼於詩學創作實踐不能不有的主張，並進而形成了一個詩學觀念的傳統。杜甫「讀書破萬卷，下筆如有神」是爲名言，點出了關鍵所在：「下筆」，不僅有詩興的感發而已。僅局限於詩興感發還不是一個完整意義的詩人，只是一個可能的詩人。

【附註】

註一　王元化《文心雕龍創作論·劉勰的虛靜說》。

註二　錢鍾書《管錐編》尤推肯王弼注之精當；先秦古籍已有抉發，《管子·心術上》：「陰則能制陽矣，靜則能制動矣」，《韓非子·喻老》：「制在已曰重，不離位曰靜，重則能使輕，靜則能使躁」。

註三　參鄭良樹《竹簡帛書論文集·論帛書本〈老子〉》。

註四　參《管錐編》冊二頁四二一、四二二、四三三諸處，「聖人之無心長久，爲求身之能長久，正亦有心長久」。此點古人早有先覺，《韓非子・解老》：「德者以無爲集，以無欲成，以不思安……所以貴無爲無思爲虛者，謂其德無所制也。夫無術者，故以無爲無思爲虛也；夫故以無爲無思爲虛者，其意常不忘虛，是制於爲虛也。虛者謂其意所無制也，今制於爲虛，是不虛也」。

註　五　帛書甲、乙本皆作「君子」。

註　六　任繼愈《老子新譯》二六章題解以爲「雖有榮觀」至此據《韓非子・喻老》是注釋混入正文。案此未必。今帛書甲、乙本皆有此數句。且《喻老》之不引，不可爲據。《解老》首釋今本《老子》三八章，但及「上德」、「上義」，「下德」、「下義」皆是僞竄？《喻老》釋今本三六章，先及「魚不可脫於深淵，邦之利器不可以示人」，後又無「將欲廢之，必固興之」一句，也是竄入的嗎？

註　七　「虛」字，王先愼《韓非子集解》據《群書治要》《藝文類聚》、《太平御覽》所引增補。

註　八　《管子・內業》：「形不正，德不來，中不靜，心不治」，此「靜」與《心術下》之「精」相關，《心術上》有「靜則精」句。

註　九　參《內業》：「不以物亂官，不以官亂心，是謂中得」。

註一〇　參《管子集校》許維遹曰：「證當作近」，張舜徽《疏證》：「之猶自也，知遠之近，猶云知遠自近耳」。

註一一　俞樾《荀子詩說》：「天下之道一而已矣，有與之相敵者是爲兩，有與之相亂者是爲疑」。

註一二　《解蔽》：「不以夫一害此一」之「夫」、王先謙曰：夫，猶彼也。

註一三　《韓非子．二柄》：「爲人臣者陳而言，君以其言授之事，專以其事責其功，功當其事，事當其言，則賞；功不當其事，事不當其言，則罰」。

註一四　參梁啓雄《荀子柬釋．君道》頁一六三。

註一五　用錢鍾書語匯，《管錐編》冊二頁四二二。

註一六　徐復觀《中國藝術精神》第二章第八節：「從老子『致虛極，守靜篤』起，發展到莊子的無己、喪我、心齋、坐忘，是以虛靜作把握人生本質的功夫，同時即以此爲人生的本質。並且宇宙萬物，皆共此一本質……故當一個人把握到自己的本質時，同時即把握到了宇宙萬物的本質，他此時即與宇宙萬物爲一體」，後半段甚具卓識，但並未揭示老、莊之間差異的本質。

註一七　馬王堆出土帛書《老子》乙本前有《道原》一篇，內有「虛，其舍也」（其，指「道」）一句，同於此意。

註一八　此「禮樂」與下文「仁義」互調，據劉文典《莊子補正》、王叔岷《莊子校釋》。

註一九　以下所引與上節「坐忘」之比較，可參馮友蘭《新原道》第四章《老莊》。

註二〇　參《中國哲學史新編》十四章，其理由「心齋」與《管子》之《內業》、《白心》相通。

註二一　有論者直以「心養」爲與「心齋」共通，實未可定論。《至樂》：「唯予與汝知而未嘗死，未嘗生也。若果養乎？予果歡乎？」是「養」、「歡」對舉。鍾泰《莊子發微》引《詩・鄘風・二子乘舟》「中心養養」，《毛傳》，「養養，憂不知所定」。

註二二　見《新原道》第四章《老莊》。「天地」、「自然」之區別是其《新原人》中的說法。

註二三　參第二章第一節。

註二四　參見葉維廉《中國詩學》頁四十。

註二五　參裘錫圭《稷下道家精氣說的研究》，《道家文化研究》第二輯。

註二六　《天下》此句歷來屬下讀，徐復觀以爲當連上句讀，可以參考，見《中國藝術精神》第二章注七四。

註二七　參高亨《試論馬王堆漢墓中的帛書〈老子〉》，《文物》一九七四年十一期。帛書甲本作「藍」，乙本作「監」，當同爲一字，「荀子・解蔽」：「成湯監於夏桀」，此「監」即「鑑」之借，同「鑒」。

註二八　「虛」、「心」相關，見《荀子・天論》：「心居中虛，以治五官，夫是之謂天君」。

註二九　參第三章。

註三〇　《詩緯・含神霧》：「詩者，天地之心」。

註三一 Chinese Theories of Literature, P53.

註三二 《史記・商君列傳》：「反聽之謂聰，內視之謂明」；《莊子・駢拇》：「吾所謂聰者，非謂其聞彼也，自聞而已矣，吾所謂明者，非謂其見彼也，自見而已矣」。

註三三 「凝於神」之「凝」，蘇軾以爲非是，張淏《雲谷雜記》卷三：

> 東坡云：近世人輕以意改書，鄙淺之人好惡都同，故從而和之者衆，遂使古書日就訛舛，深可忿疾。孔子曰：「吾猶及史之闕文也」。自余少時見前輩皆不敢輕改書，故蜀本大字書皆善本。蜀本《莊子》云：「用志不分，乃疑於神」。此與《易》「陰疑於陽」，《禮》「使人疑汝於夫子」同。今四方本皆作「凝」。（對蘇說有兩種意見，參王水照《蘇軾選集》頁一八六）。

俞樾《諸子評議》據《列子・黃帝》並證以「梓慶爲鐻」一節「器之所以疑神」者改「凝」爲「疑」。錢鍾書《管錐編》析說周全，指出《列子・黃帝》「此節全本《莊子・達生》……《列子》此處之『疑於神』正如《天瑞》之『不生者獨，疑獨其道不可窮』，亦『凝』之意」，並駁俞說曰：

> 梓慶節「器之所以疑神者，其思歟」，承「見者驚猶鬼神」來，明指旁觀者之心事而言，作「疑」是也；此節「乃凝於神」承痀僂丈人自稱「有道」而能「不反不側」，蓋當事者示人以攝心專一之旨，正當作「凝」。《管子・形勢》篇：「無廣者疑神」，「無廣」即「不分」，「

疑神」亦即「凝於神」矣。《列子．周穆王》：「百骸六藏，悸而不凝」，正「凝於神」之反；《黃帝》：「心凝神釋」，張注「神凝形釋」，又可移釋「凝於神」。「執臂若槁木之枝」，非「形廢」而何？故《列》之「疑於神」宜解爲「凝於神」之意，而《莊》之「凝於神」不必改作「疑於神」之文也。

註三四　《孟子．告子上》：「弈之爲數，小數也，不專心致志，則不得也。弈秋，通國之善弈者也。使弈秋誨二人弈，其一人專心致志，唯弈秋之爲聽。一人雖聽之，一心以爲有鴻鵠將至。思援弓繳而射之，雖與之俱學，弗若之矣。」《劉子．專學》承之：「弈秋，通國之善奕者也。當弈之時，有吹笙過者，傾心聽之，將圍未圍之際，問以弈道，則不知也。非奕道暴深，情有暫闇，笙猾之也。隸首，天下之善算也，當算之際，有鳴鴻過者，彎弧擬之，將發未發之間，問以三五，則不知也。非三五難算，意有暴昧，鴻亂之也。弈秋之弈，隸首之算。窮微盡數，非有差也，然而心在笙鴻而弈敗算撓者，是心不專一，游情外務也」，「是故學者必精勤專心，以入於神」。

註三五　《解蔽》：「農精於田而不可以爲田師，賈精於市而不可以爲賈師，工精於器而不可以爲器師」，不是「不傾」、「不貳」、「不枝」之「壹」義，而是所謂「君子壹於道而以贊稽物」，「精於物者以物物，精於道者兼物物」，實秉本執要之論。

註三六　「自喻適志與」五字，據劉文典《莊子補正》刪。

註三七　參顧易生《先秦兩漢文學批評史》頁二〇九。

註三八　林希逸《南華眞經口義》，「天和、元氣也」，得之。《淮南子・俶眞》：「受被天和，食於地德」，高誘注：「和，氣也」。「德」、「和」、「氣」相關聯，見《韓非子・解老》：「夫能令德不去，新和氣日至者，蚤服者也」，此亦有甚爲古老的觀念源頭，參裘錫圭《稷下道家精氣說的研究》、《道家文化研究》第二輯，頁一七三。

註三九　「象」是在觀念中呈現者，《韓非子・解老》：「人之所以意想者皆謂之象」。這在「象」與「形」的區別中十分顯豁。《老子》有「大象無形」之句（顧易生《先秦兩漢文學批評史》頁一八二），《易・繫辭上》：「見乃謂之象，形乃謂之器」，亦指出一在主觀感知中，一在實在中。「象」難把握，「形」則無所遁，天地象形的別異實由此點而區分，《禮記・樂記》：「在天成象，在地成形」，《文心雕龍・原道》：「日月疊璧，以垂麗天之象；山川煥綺，以舖地理之形」。

註四〇　馮友蘭《中國哲學史》曾論及老莊之去知忘我的主張並非眞是原始意義上的無知，而是「知與原始的無知之合也」，「『玄德』『若愚』『若昏』，非『愚』『昏』也，『若』愚『若』昏而已」，可以參觀。

註四一　蘇軾《日喻》「有得於水之道者」一節即申發此意。

註四二　參錢鍾書《管錐編》第二冊頁五〇八至五〇九。

第五章 「言」、「意」：古典語言符號觀

壹、言意之辨的源始

「言意之辨」是魏晉玄學一大論題，其中最爲核心者即言盡意與否的辯論。晉歐陽健《言盡意論》（《藝文類聚》十九引）：

> 世之論者以爲言不盡意，由來尚矣。

《世說新語・文學》：

> 舊云，王丞相過江，止道聲無哀樂、養生、言盡意（此究竟爲「言盡意」抑「言不盡意」，今論者多有爭議，姑不論）三理而已。

皆可以爲證。「言盡意」與「言不盡意」的爭論出自《易・繫辭傳》「書不盡言，言不盡意」問題的討論，此參看漢魏之際論言意的兩條最基本材料：《三國志・魏志・荀彧傳》注引何劭《荀粲傳》、《周易略例・明象》，可知荀粲、王弼都是沿著《繫辭傳》的話題講論的，

因此先來看《繫辭傳》的內容：

子曰：「書不盡言，言不盡意」。然則聖人之意不可見乎？子曰：「聖人立象以盡意，設卦以盡情僞，繫辭焉以盡其言。」

「書不盡言、言不盡意」構成「書」、「言」、「意」三者的連貫關係，古人的釋說確是如此看的，《三國志・魏志・管輅傳》裴松之注引《別傳》記管輅之言：「書不盡言，言之細也；言不盡意，意之微也」，即以爲意旨、語言之細微處語言、文字無法盡悉傳達。唐孔穎達撰《周易正義》於此句似有異說：

此一節夫子自發其問，謂聖人之意難見也。所以難見者，書所以記言，言有煩碎，或楚夏不同，有言無字。雖欲書錄，不可盡竭於其言，故云書不盡言也。言不盡意者，意有深邃委曲，非言可寫，是言不盡意也。

如此則兩句間「言」與「書」、「意」與「言」的關聯是不同的：「言有煩碎」、「有言無字」，故此「言」不可盡見於「書」是技術性的原因，是一廣度方向上的困難；「言不盡意」則是一深度上的困難，意之深曲，言不能盡悉地予以表達。眞正對後代言意之辨產生影響的無疑是後一句，尤其值得注意的是孔穎達疏釋時將「言不盡意」的原因歸於傳達方面的困難，而就《繫辭傳》之本文而言，應是一釋義的方向，「書不盡言，言不盡意」是對事實的已然的論斷。然而孔穎達將原來的釋義問題轉化爲一傳達問題，實亦受《繫辭傳》以下「聖人立象以盡意」這一思路的導引。「聖人之意其不可見乎」之「見」如讀如「現」則是已將論題轉入「傳達」的範圍，否則仍是「釋義」學的。無論怎樣，「立象以盡意」已轉換了原來的命題，此「盡」字在「傳達」的角度看，與「言不盡意」之「盡」表一已然狀態不同，當是表以象「盡」意的動態趨向，實爲未然。由此分析，「言不盡意」，與「立象以盡意」實並無直接的對立，可以了然，「立象以盡意」是以「言不盡意」爲前提的權變策略，對「言不盡意」並無否定之意，而是力圖消弭言、意疏離的努力。還應注意到，《繫辭傳》「聖人立象以盡意」等三句的層次。「言」、「象」、「意」三者並沒有構成一貫通的序列，其意義在於確立了「象」的概念，後經王弼對「言」、「象」、「意」關係的闡發，既對《易》學釋義傳統，又對文學創作的傳達論產生了深刻的影響。嚴格地說，此處兩節「子曰」的後者並沒有嚴密地回答「言」、「意」疏離的問題，而是提出了一個「象」來權說。《易・繫辭傳》對言、意另有釋說：

夫《易》彰往而察來，而微顯闡幽，開而當名辨物、正言斷辭，則備矣。其稱名也小，其取類也大，其旨遠，其辭文，其言曲而中，其事肆而隱。

對語言之功能頗有體認，似可視爲言辭當於物理的觀念。而形成另一傳統，司馬遷《史記・

屈原賈生列傳》論屈賦：

> 其文約，其辭微，其志潔，其行廉，其稱文小而其指極大，舉類邇而見義遠。

此論名當於物與「立象以盡意」都呈現了「傳達」的取向。由「釋義」到「傳達」實爲古典「言意」論的一大轉折關鍵，由此分析各種觀點庶幾近乎原來的思想脈絡。《莊子》言意論之「言不盡意」亦呈此一型態。

貳、《莊子》言意論剖析

一、「言不盡意」中「道」「言」、「意」「言」之別

《莊子》「言不盡意」歷來論者衆多，然其實質，少有析釋允當者。《天道》輪扁斫輪的故事耳孰能詳：

> 桓公讀書於堂上，輪扁斫輪於堂下，釋椎鑿而上，問桓公曰：「敢問公之所讀者何言邪？」公曰：「聖人之言也」。曰：「聖人在乎？」公曰：「已死矣」，曰：「然則君之所讀者，古人之糟魄已夫！」

其中有「書」、「言」及未明見文字的聖人之意旨這三個層次。輪扁以爲書、言具在，然所

錄之意旨不可得，所錄僅是「糟魄」而已。《莊子》行文往往立說與譬喻，妙合一體，欲明此節不可不連看上段文字：

世之所貴（註二）者書也；書不過語，語有貴也，語之所貴者意也；意有所隨，意之所隨者，不可以言傳也。而世因貴言傳書。世雖貴之，我猶不足貴也，為其貴非其貴也。故視而可見者，形與色也；聽而可聞者，名與聲也。悲夫，世人以形色聲名為足以得彼之情！夫形色名聲果不足以得彼之情，則知者不言，言者不知，而世豈識之哉！

此中有「書」、「語」、「意」及「意之所隨者」四層，然細析之，此正蘊含一大關節。「意」為「語」之「意」，而「意之所隨者」即「意」所指向的內容，由此生「意」及「意指」兩層，這在《易．繫辭傳》是含混不分的。由此「語」之「意」與「意之所隨者」之間是否契合乃成一問題，於是有「語」內之「意」與「語」外之「意指」的分別。謂予不信，請參輪扁答桓公一段話：

斫輪，徐則甘而不固，疾則苦而不入。不徐不疾，得之於手而應於心，口不能言，有數存焉於其間。臣不能以喻臣之子，臣之子亦不能受之於臣，是以行年七十而老斫輪。古之人與其不可傳也死矣，然則君之所讀者，古人之糟魄也夫！

「聖人之言」既已載見書冊，此「言」是可傳且已傳者，然只是「糟魄」。至於相對立之「

精華」，是「不可傳者」，不能見諸文字，與已死之古人共逝。《莊子》之「言不盡意」之「意」，當析爲兩層：其一如此處所謂「語」之「意」，《莊子》未必以爲「語」、「意」有不可傳達的困難，其二即「不可傳」的「語」外之「意之所隨」者，此爲語、言所不可達致者。這兩者之間的界限即在知性活動的能力所及處。《莊子・齊物論》一再申論知性的限制，指出知性活動借語辭而導致的紛歧淆亂，呼吁：「知止其所不知，至矣；孰知不言之辯，不道之道？」（註二）知性能力所及處即言語所止之限：「言休乎知之所不知，至矣……知之所不能知者，辯不能舉也」（《徐无鬼》），也即「言之所盡，知之所至，極物而已；睹道之人，不隨其所廢，不原其所盡，此議之所止」（《則陽》），其中「極物」的釋說有分歧，實「物」即「實存」的代稱，在此界限內，《莊子》並不否定名實的相符：「名止於實，義設於適」（《至樂》）。以此來看《秋水》：

> 可以言論者，物之粗也；可以意致者，物之精也；言之所不能論，意之所不能致者，不期精粗焉。

「言論」、「意致」皆訴諸理性，或粗或精，都是「期於有形者也」，皆「極物而已」，是名實所可概括的。至於超乎精、粗之別的「實」「物」的界限，則是「言」、「意」所不能有預的了。

《莊子》的突出處在將「意」作了區別，一則是知性範圍內的「言」、「意」，一則是超乎知性的「意之所隨者」與「言」的關係。知性範圍內的「言」、「意」可以論契合與否的問題，基本可概括以名實之辨，還是釋義範圍內的事情。輪扁以爲桓公由「書」載錄的聖人之「言」考究聖人之「意」，所得是「糟魄」，而超乎知性，則轉成傳達問題，根本無所謂契合與否的問題，因爲言語文字根本沒有傳達出來。聖人之「精華」在書冊語辭之外，在書冊語辭所見的聖人「糟魄」之外，之所以書冊語辭不可見聖人之「精華」，是因爲「精華」根本不可以文字言語傳達。這一解說將「釋義」問題有力地轉換成「傳達」問題，較之於《繫辭傳》更爲充分，「意之所隨者，不可以言傳也」，「臣不能以喻臣之子……古之人與其不可傳也死矣」，其中「傳」字尤突出了「傳達」的角度。

《莊子》之「不可傳」者實即所謂「道」。「道」不可形諸言辭名號，《老子》中已先發之：「道可道，非常道，名可名，非常名」（一章），「有物混成，先天地生……吾不知其名，字之曰道，強爲之名曰大」（二五章）。「道」之不可形諸言辭名號之根本原因，據《老子》在於「道之爲物，惟恍惟惚」（二一章）《老子》之「道」不可「名」實爲具神秘性的命題。張岱年先生指出此爲「直覺與理智之對立的問題」（《中國哲學大綱》頁五八四），至爲精闢。《莊子》中實亦有此類命題的承襲。《知北游》：「視之無形，聽之無聲，於人之論者，謂之冥冥，所以論道而非道也」，「道不可聞，聞而非也；道不可見，見而非也；道不可言，言而非也，知形形之不形乎？道不當名」。另一方面，《莊子》以「全」、「分」釋說「道」不可「言」，此《齊物論》名辯思想的一系，即所謂「辯也者，有不見也，夫大道不稱，大辯不言」。「道」爲「全」，「名」、「言」爲「分」，「名」、「言」形容「道」所得僅一偏，必有所「蔽」，此「毀」也。「道之全體大用，非片詞隻語所能『名』、『言』，多方擬議，但得梗概之略，跡象之粗，不足爲其定名」（《管錐編》冊二頁四一〇）。後人乃以此釋說老子之「無言之教」，王弼《老子指略》：

> 可道之盛，未足以官天地；有形之極，未足以府萬物。是故嘆之者不能盡乎斯美，詠之者不能暢乎斯弘。名之不能當，稱之不能既。名必有所分，稱必有所由。有分則有不兼，有由則有不盡；不兼則大殊其眞，不盡則不可以名。

此乃成通常之論。實則《齊物論》思想釋說「道」不可「言」似有破綻，因不拘偏面的周全之言，似可傳達「道」之本體：「言而是，則終日言而盡道；言而不足，則終日言而盡物」，這樣就不能完全排斥「言」、「說」：「道物之極，言默不足以載；非言非默，議有所極」（《則陽》）。以名學知性詮說「道」不可「言」，竟爲「言」說「道」留一縫隙，此亦可見「言」辯之難周。

從得古代聖人之「精華」抑「糟魄」到「道」或「精華」不可「言」傳，此與《繫辭傳》一樣由「釋義」到「傳達」；所不同者《繫辭傳》可「立象」以表達，《莊子》則以爲「道」不可「言」，「道」必在「書」、「言」之外（此《繫辭傳》未嘗明言），至多只是「非言非默」。

二、「得意忘言」

《莊子》最有影響的「言」、「意」觀莫過於《外物》「得意忘言」：

> 荃者所以在魚，得魚而忘荃；蹄者所以在兔，得兔而忘蹄；言者所以在意，得意而忘言。吾安得夫忘言之人而與之言哉！

此以「言」爲「筌」、「蹄」，是「得意」的工具，「言者所以在意」即「語之所貴者意也」同樣的結構，但兩「意」實不盡同。如上所述，「語之所貴者意也」之「意」爲知性範圍之「意」，更有「意有所隨」在；而「言者所以在意」實兼兩者而言，成玄英《莊子疏》釋此句：「意，妙理也；夫得魚兔本因筌蹄，而筌蹄實異魚兔，亦就玄理假於言說，言說實非玄理，魚兔得而筌蹄忘，玄理明而名言絕」。是以「玄理」、「妙理」說「意」，則「意」當超乎知性言詮之外。「忘言」正是說「言」不能詮「道」，當隨說隨掃，不可拘執：「道」

不可「言」，但無「言」不見「道」，「言」又不及「道」，只能「至言去言」（《知北游》），「去」即「忘」也。「言」與「無言」相反相成，因有「不言之言」（《徐无鬼》）與「言無言，未嘗言」（《寓言》）兩說。「得意忘言」，其重點在「得意」，「言」是手段，此屬釋義範圍。《孟子．萬章上》：「說詩者，不以文害辭，不以辭害志，以意逆志，是爲得之」。不論「文」、「意」如何解釋，「辭」、「志」類同於「言」、「意」結構，「不以辭害志」實即強調「言者所以在意」，由「言」得「意」而已。只是《莊子》明確提出「忘言」，成爲後代釋義傳統中一再涉及的要題。

三、秦漢承緒略例

《莊子》《繫辭傳》關於「言」、「意」的「言不盡意」、「得意忘言」在魏晉時期成爲玄學的重大論題，之前亦非渺無反響。《呂氏春秋．精諭》：

白公曰：「然則人不可與微言乎？」孔子曰：「胡爲不可？唯知言之謂者爲可耳」。

「謂」即「意」（陶鴻慶說），張湛注《列子．說符》：「謂者，所以發言之旨趣」。此說當得「言」之「意」乃可與「言」，「言」既爲「意」之工具，則可得「意」而去「言」：

言者，謂之屬也。求魚者濡，爭獸者趨，非樂之也。故至言去言，至爲去爲。（《精諭》）

夫辭者，意之表也。鑑其表而棄其意，悖。故古之人，得其意則捨其言矣。聽言者以言觀意也。聽言而意不可知，其與橋言無擇。（《離謂》）

第一節是以魚、獸與得魚、得獸之作爲比擬「意」、「言」，顯與《莊子・外物》筌蹄與魚兔相類。陳奇猷先生釋說甚精：「謂（即意旨）爲主體，言所以釋明謂，故言爲謂之屬」，「爭魚、逐獸者，非樂於濡、趨也，欲得魚與獸也。故欲得魚與獸爲主體，濡與趨爲其屬。若欲魚欲獸即得之，則可免於濡與趨矣。言者謂之屬，若謂既明，則可免於言，故下文曰：『至言去言』。」（《呂氏春秋校釋》卷十八頁一一七四及一一七五）。第二節更是明顯發揮「得意忘言」之旨，略有數層：其一，辭爲意之表達，不可執辭而棄意；其二，得意則可捨言。「鑑其表而棄其意，悖」，是對《莊子・外物》中蘊而不出之不可執筌蹄而棄魚兔明確詮說，更進一步。然而此中的意，言似不盡同《莊子》。《莊子》中講「言不盡意」講「得意忘言」，事實上對兩者間的關係並無邏輯的解說，講「言不盡意」未講以「得意忘言」作爲解脫，講「得意忘言」未講此「言」、「意」是否相合。前已分析，《莊子》之「言」所面對可有兩層「意」，一則謂知性之「意」，可以「名實」概況「言意」，二則超乎知性，則無所謂合與否的問題，因完全不能以「言」達「意」。所以在《莊子》中，「言不盡意」與「得意忘言」可說是兩截命題，不可強加牽合。《呂氏春秋》則連通之，《離謂》講「得意忘言」就說到：「聽言者以觀意也，聽言而意不可知，其與橋言無擇」，即「言」必須達「意」，否則猶如廢話，同文稱：「言者，以喻意也，言意相離，凶也」。此雖爲「言」、「意」之「字」，實是「名」、「實」之「名」（「名」、「字」之別，參錢鍾書《管錐編》冊二頁四〇四以下）。《呂氏春秋》以言意、名實相混而講實有實際政治意義，孔子「正名」以下皆不免，名家即以此論政。《淫辭》一篇所謂「言」、「心」，同於「言」、「意」（《離謂》），即是講名實離合的實際作用：「凡言者，以諭心也，言心相離，而上無以參之，則下多所言非所行也，所行非所言也。言行相詭，不詳莫大焉」。（註三）

「言不盡意」也有沿論者，揚雄《法言・問神》：

> 言不能達其心，書不能達其言，難矣哉！

此「心」、「言」、「書」頗近於《繫辭傳》之「意」、「言」、「書」序列；然而感嘆之餘，又說「聖人」可通達「心」、「言」：

> 惟聖人得言之解，得書之體，白日以照之，江河以滌之，灝灝乎其莫之御也。而相之，辭相適，捈中心之所欲，通諸人之嚧嚧者，莫如言；彌綸天下之事，記久明遠，著古昔之㖧㖧，傳千里之忞忞者，莫如書。故言，心聲也，書，心畫也。

兩段話「盡」與「不盡」並列。《法言・五百》：

聖人知而成言，肆筆而成書，言可聞而不可殫，書可覩而不可盡。

似又提起「言」、「書」之不可「殫」、「盡」的話題。然而揚雄於此未必究心，相錯雜的觀念亦隨緣而發。《法言》晉李軌有《解》注此句曰：「性與天道」，這或者未必揚雄之原意，但確是漢魏之際申論不已之話題。

叁、玄學「言意之辨」

一、荀粲的「象外之意」：援《莊》入儒

《三國志・魏志・荀彧傳》裴松之注引何劭《荀粲傳》：

粲諸兄並以儒術論議，而粲獨好言道，常以爲子貢稱夫子之言性與天道，不可得而聞，然則六籍雖存，固聖人之糠粃。粲兄俁難曰：「《易》亦云聖人立象以盡意，繫辭焉以盡言，則微言胡爲不可得而聞見哉？」粲答曰：「蓋理之微者，非物象之所舉也。今稱立象以盡意，此非通於意（註四）外者也；繫辭焉以盡言，此非言乎係表（註五）者也；斯則象外之意，係表之言，固蘊而不出矣。

此節當注意荀氏兄弟所論難在儒學系統之命題，即「夫子之言性與天道，不可得而聞」，此

一前提不可忽略。《論語》此句歷來有議論，《史記．天官書》：「孔子論六經，紀異而說不書，至天道性命不傳。傳其人不待告，告非其人，雖言不著」，重在「人」而不在「言」，孔子之不傳，因爲是其人不必言傳，非其人言傳之亦無益。《後漢書．桓譚傳》記桓譚上光武帝疏：

觀先生之記述，咸以仁義正道爲本，非有奇怪虛誕之事，蓋天道性命聖人所難言也，自子貢以下不得而聞。

此則以爲「天道性命」難言，是重在「言」的表達方面了。荀粲直承《論語》之說，轉引《莊子》，其「六籍雖存，固聖人之糠秕」，正《天道》所謂「君之所讀書，古人之糟魄已夫」，以爲「性與天道」在書面文辭之外。荀俁牽引《繫辭傳》論難之，以爲「立象盡意」、「繫辭盡言」，即書面文辭中可見聖人之道理。這實際是並不妥切的問題。荀粲以爲聖人之意（「性與天道」）不見於典籍，駁之當論此類意見見於典籍，而荀俁則統說典籍可盡聖人之意（此「盡」非已然，而表趨問，見前釋），故可見聖人之意。兩人分歧在粲以爲在典籍「外」，俁以爲在典籍「中」。荀粲的答辭則強調了「外」、「理之微者，非物象之所舉」，實是對「立象以盡意」之結果的批評，即固然可以「象」盡「意」，但實際「象」不盡「意」：意之精微處，象不能盡。荀粲既立「象」不盡「意」之義，更論所不能盡者何在：在「外」，即「象外之意，係表之言，固蘊而不出。」荀粲所謂「象外之意」的「意」與荀俁所謂「立象以盡意」之「意」實已換過內涵，猶如《天道》所謂「語之所貴者意」之「意」與「意有所隨者」的差別，不可混為一談。對於荀俁之「意」能否盡現於「象」中，荀粲實未明確回答，亦非其關心所在，即使能「盡」亦是一側面而已，更重要的一側面仍是「象」不盡「意」——「象外之意」，在此辯難中即「性與天道」之說，猶如《莊子·天道》之輪扁可以承認書中所載確乎為「聖人之言」，但書中仍沒有「聖人」與「糟魄」相對之「精華」。

荀粲對「言不盡意」的闡發，明顯得助於莊學思想，是以莊老釋儒學的體現。尤其他認為「理之微者」超乎言、象，明白地確立了「言外」、「象外」的思路，對後來的發展影響至大，是為一重要標志。

二、王弼

毫無疑問，魏晉玄學在思想上最傑出的代表是王弼，他對於言、意問題作了全面完整的綜合論述，尤其將「言」、「意」關係問題和「得意忘言」在《周易略例·明象》中作了整合，這是以往未有的。

㈠釋義的傾向

王弼著《周易略例》無疑是置身於「釋義」領域的，他並不特別在意「言」盡「意」與否的問題，著重點在於「得意」。玄學之興，將漢人宇宙生成論一變而爲哲學本體學，何晏、王弼倡言「本無」。王弼以「崇本息末」（《老子指略》）一言以蔽《老子》五千文，化現實政治之策略爲思想抽象新成果，於是本體現象俱出，而「本體論所謂體用之辨亦即方法上所稱言意之別」（湯用彤《言意之辨》）。在王弼，「得意忘言」正是「崇本息末」，本體方法兩翼齊飛，就《周易略例・明象》而言，就是要「不滯於名言，忘象，體會其所蘊之義，則聖人之意乃昭然可見。王弼依此方法，乃將漢易象數之學一舉而廓清之，漢代經學轉爲魏晉玄學，其基礎由此而奠定矣」（同上）。參觀《明象》之末節，批評易象數學「互體」、「卦變」之說，以爲「存象忘言」，失卻根本，當「忘象以求其意，義斯見矣」，可知「求其意」是全篇要旨。明白《明象》的釋義學主導傾向非常重要，可知其文章之主脈。

(二)《明象》分析：「言」、「象」媒介作用的突出

《明象》無疑是承接著《繫辭傳》的命題往下講的，《明象》將「言」、「象」、「意」貫通爲一系列，這在《繫辭傳》中是沒有如此透闢的。

夫象者，出意者也；言者，明象者也。盡意莫若象，盡象莫若言。言生於象，故可尋言以觀象；象生於意，故可尋象以觀意。意以象盡，象以言著。

此《明象》之首節，詮說言、象、意三者關係。首先揭出三者的聯貫性，明確以「象」爲「言」、「意」的中介，此《繫辭傳》所不及。「象」「出意」，「言」「明象」，對「意」「象」，「象」「言」是傳達媒介，以下數句承此義而來。細加分析，是將《繫辭傳》「立象以盡意」之轉「釋義」爲「傳達」的思路逆轉回「釋義」的路向。「言生於象」、「象生於意」是「傳達」方向，是由所欲傳達之本體走向傳達媒介，即「意」→「象」→「言」；「尋言以觀象」、「尋象以觀意」是「詮釋」方向，由傳達媒介達到所欲傳達之本體，即「言」→「象」→「意」。至此《明象》已確立了「釋義」的主導方向。既以「象」、「意」爲所欲傳達者而「言」、「象」爲傳達其所欲傳達者之媒介，那麼它們之意是否完全契合，即能否「盡」？王弼並未直言，但隱然以「盡」爲是，「盡意莫若象，盡象莫若言」，尙是表未然的趨向性，「意以象盡，象以言著」則似表已然狀態的了。王弼並沒有涉及「象外」、「言外」之問題(註六)，如此循著邏輯的思路，「象」、「言」必能當「意」、「象」而後可「尋象以觀意」、「尋言以觀象」，否則如《莊子》、荀粲的觀點，「象」、「言」所呈現只是「糟魄」，則如何得見「意」、「象」？

首節既確立「釋義」主導取向，確立言、象、意三者之關係，以下皆明「得意」之主題及對待作爲媒介之「言」、「象」的原則：

故言者所以明象，得象而忘言，象者所以存意，得意而忘象。猶蹄者所以在兔，得兔而忘蹄；筌者所以在魚，得魚而忘筌也。

此承上所說，「言」、「象」爲「象」、「意」之媒介，援引《莊子・外物》的觀點，指出「得意忘象」、「得象忘言」的中心論題，此純爲莊學觀念。

然則，言者象之蹄也，象者意之筌也。是故，存言者，非得象者也；存象者，非得意者也。象生於意而存象焉，則所存者乃非其象也；言生於象而存言焉，則所存者乃非其言也。

此爲「得意忘象」、「得象忘言」之論證的第一部分，再申明「言」、「象」爲「象」、「意」之媒介，後者爲媒介所欲表達者，兩者之間作爲媒介和本體是不同的，執於媒介並非把握本體：

然則，忘象者乃得意者也，忘言者乃得象者也，得意在忘象，得象在忘言。故立象以盡意，而象可忘也；重畫以盡情，而畫可忘也。

此論證之第二部分，指出只有通過媒介達到本體而非執於媒介才眞正可「得意」，邢璹注「得意在忘象，得象在忘言」曰：「棄執而後得之」，是也。

《明象》此大段論說，首先是確立了言、象、意三者關係；而後提出「得意忘象」、「

得象忘言」的主題；而後兩「然則」分步論證此命題：本體與媒介不同一，執於媒介不是達致本體，此其一；通過媒介而非執於媒介是達到本體的正確路向，「棄執而後得之」，此其二。其總的思路是達到本體的詮釋方向。

《明象》在漢代經學向魏晉玄學轉變中之特別意義，湯用彤先生已經指明，而就「言意之辨」的演進一線索而言，其首要的貢獻在於將「言盡意」與否的問題和「得意忘言」相通。「言盡意」與否，《繫辭傳》、《莊子》皆有論涉，而「得意忘言」則《莊子》所力倡，兩者原並無特別之聯繫。《繫辭傳》將「言不盡意」的釋義問題以「立象以盡意」轉向傳達方向：王弼將「立象以盡意」作爲前提，樹「尋象以觀意」的思路，又將「傳達」轉向「釋義」，而援引莊學之「得意忘言」，申明本體、媒介的關係。如上所析，他對「得意忘言」也做了進一步分析，指出本體媒介不同一，但經由媒介並超乎媒介可達致本體。這一思路大大深化了《莊子》中「言」爲「筌」、「蹄」的思想，對媒介的分析更爲明晰：獲致本體須由媒介又不可執於媒介。這一原則乃可適用於諸如「名」、「實」之類相似邏輯結構。後代《劉子新論》關於「言」、「理」、「名」、「實」的分析：

言以繹理，理爲言本；名以訂實，實爲名源。有理無言，則理不可明；有實無名，則實不可辨（註七）。理由言明，而言非理也；實由名辨，而名非實也。今信言以棄理，

實非得理者也；信名而略實，非得實者也。故明者課言以尋理，不遺理而著言；執名以責實，不棄實而存名。（《審名》）

由「理」、「實」而生「言」、「名」，由「言」、「名」可知「理」、「實」，「言」、「名」非「理」、「實」，故不可執「言」、「名」諸層義，全同王弼《明象》「言」、「象」或「象」、「意」之關係結構，尤為明顯。

「言」、「象」之媒介的分析是《明象》一篇對古典語言符號論的最大貢獻，指出了它功能的作用和局限。由此導出「寄言」、「假象」的自覺意識。寄言出意與得意忘言共通，造成傳達者、詮釋者共同的言意天地，此於詩學貢獻亦至為重大。

(三)從玄學本體論立場看「言」「象」媒介

然而還有一問題須加釋說。上分析《明象》言、象、意，已指出其間是本體與媒介之關係，在此一層面上不能同一，但無疑以媒介可傳達本體，此於王弼是一當然。但此種傳達是否「盡」悉、全是，則王弼並無特別著意。由「意以象盡，象以言著」看來，似乎以為是可以充足、盡悉的。這兩者實是不同層次的問題，不宜如時下某些論者以為王弼介乎「言盡意」與「言不盡意」之間。欲明其媒介究意能否「盡」本體的觀點，當再看其論「本體」。王弼主「本無」，《三國志．魏志．鍾會傳》裴松之注引何劭《別傳》：

裴徽爲吏部郎，弼未弱冠，往造焉。徽見而異之，問弼曰：「夫無者誠萬物之所資也，然聖人莫肯致言，而老子申之無已者何？」弼曰：「聖人體無，無又不可以訓，故不說也。老子是有者，故恒言無所不足。」

「無又不可以訓」，是說本體不可言說至明。本體之無名無形的特性，王弼一再申述，《老子指略》：「夫物之所以生，功之所以成，必生乎無形，由乎無名，無形無名者，萬物之宗也……其爲物也混成，爲象也無形，爲音也希聲，爲味也無呈，故能爲品物之宗主」；「名」、「稱」不能形容本體：「可道之盛，未足以官天地；有形之極，未足以府萬物。是故嘆之者不能盡乎斯美，詠之者不能暢乎斯弘，名之不能當，稱之不能既」，稱說本體之「道、玄、深、大、微、玄之言，各有其義，未盡其極者也。然彌綸無極，不可名細，微妙無表，不可名大。是以篇云：字之曰道，謂之曰玄，而不名也。」此即以爲「名」、「稱」之類「言」不可盡悉周全地表述「道」，但並不能因此完全拋卻「名」、「言」之媒介，即是說，即使「言不盡意」成立亦不可盡廢「言」之媒介，《老子指略》：

形必有所分，聲必有所屬。故象而形者，非大象也；音而聲者，非大音也。然則四象不形，則大象無以暢；五音不聲，則大音無以至。

「然則」之前說「形」、「聲」媒介不可形容「大象」、「大音」之本體，「然則」之後說必由此等媒介，乃可達致本體，《劉子新論・崇學》：「至道無言，非立言無以明其理。大象無形，非立象無以測其奧。道象之妙，非言不津」，同弼斯旨。

既明「言」不盡「道」仍不可廢的原由，則寄言出意的思想自然突現了。

肆、文學中的「言意之辨」

前析諸家言意之辨，所謂「言不盡意」指語言文字無法盡悉地載錄意旨。老、莊以為「道」不可「言」、因理性不可把握超驗的本體，荀粲亦以為「理之微者」，「象」不可舉，王弼以為「無」不可訓，大抵割斷了「道」、「言」的通道；《繫辭傳》以下持釋義思理看待「言不盡意」，因而不過所欲表達者和用以表達者兩者關係而已，其範圍不出語義之思慮。古典文論中論言、意矛盾則完全換一路向：創作傳達。

一、陸機：「文不逮意」

陸機《文賦・序》：「恒患意不稱物，文不逮意」，此「物」、「意」、「文」三者的不協是「屬文」過程中所出現的。以傳達者「屬文」為核心，上窺所感之外「物」，下及傳達心「物」交感之「意」的「文」，是「受」、「授」兩個階段。文學創作「言」、「意」傳達，自陸機始主要在於「授」，即「意」至「文」的傳達過程。這兩個階段即如韓愈《答李翊書》：「當取於心而注於手」，得「心」應「手」分屬「受」、「授」；蘇軾《答謝民師書》所謂「求物之妙，如繫風捕影，能使是物了然於心者，蓋千萬人而不一遇也，而況能使了然於口與手乎？」其中「物」至「心」，「心」至「口」、「手」，也分屬兩個階段。

陸機既即確立了創作過程中物、意、文不協的問題，並未對此深究，「非知之難，能之難也」，即以「言不盡意」爲一預定的前提，所試圖努力的在克服此「不盡」。明白此點，陸機等文論家「言不盡意」觀念與經學、玄學是同題不同義了，文論家重在創作上的「言不盡意」。陸機希望「能之」，結果未必成就：「至於操斧伐柯，雖取則不遠，若夫隨手之變，良難以辭逮，蓋所能言者，具於此云。」這顯然是取意於《莊子・天道》，「隨手之變」猶「疾除之有數」，「良難以辭逮」即「得於手而應於心，口不能言也」，由以「手」爲中介到「心」，是「受」，由「心」至「言」是「授」，「心」知其「意」而不能「言」傳即「文不逮意」。

陸機自述爲文之旨：「作《文賦》以述先士之盛藻，因論作文之利害所由，他日殆可謂曲盡其妙」云云，錢鍾書先生舉《孟子》、唐詩爲例，以「他日」爲「昔日」：「『他日』句承『先士盛藻』來，則以『昔日』之解爲長，謂前世著作已足當盡妙極妍之稱，樹範『取則』，於是乎在，顧其功妙運，則語不能傳，亦語不能備，聊示規矩，勿獲悉陳良工之巧耳」（《管錐編》冊三頁一一八一），即古代文士爲文之用心，正是不可言傳的。黃侃《文選評點》謂「此言自見其情，而仍難以悉說」，於上引陸機末句說：「所不能言，即是難以辭逮者，自餘則此賦盡之矣」，也就是說，陸機自己說，可以言說者盡在於此賦中，而不可言說者自不見於文字而在此文字之外了。

二、劉　勰

劉勰是南朝最大的文學理論家，清代章學誠《文史通義．文德》稱：「劉勰氏出，本陸機氏說而倡論文心」，他對創作過程中主體傳達之「言不盡意」現象也多有涉及：

《神思》：「方其搦翰，氣倍辭前；暨乎篇成，半折心始」；「思表纖旨，文外曲致，言所不追，筆固知止」。

明白表示，創作過程之前主體欲達之「意」與創作過程所表達出的「言」、「文」之間有著距離。然而有論者指出劉勰實際是主張言可盡意的，如《物色》論《詩經》藝術：「皎日慧星，一言窮理；參差沃若，兩字窮形，並以少總多，情貌無遺」。細繹《文心雕龍》，劉勰確實對語言的表現能力給予了較爲充分的肯定。《物色》論「近代以來，文貴形似」的成就：

「巧言切狀，如印之印泥，不加雕削，而曲寫毫芥。故能瞻言而見貌，印字而知時也」，對於明達意旨的文體：「詳總文體，本在盡言」，如「條暢以任氣，優柔以懌懷」，文辭盡言的程度，「文明從容，亦心聲之獻酬也」（《書記》）；至於文辭的夸飾，恰到好處，也可以顯發蘊意：「談歡則字與笑並，論戚則聲共泣偕。信可以發蘊而飛滯，披瞽而駭聾矣」（《夸飾》）。以上各條，劉勰都是從創作者及接受者雙方立論，創作者所傳達的意旨、哀樂、所描勒的情貌，接受者無不可以「見」、「知」，對於創作者有所「酬」，有所反應。這之間的中介即是文辭，由文辭創作者可傳達情志，而接受者可由文辭了解作文者的隱旨，此《知音》論之最徹：

> 夫綴文者情動而辭發，觀文者披文以入情；沿波討源，雖幽必顯，世遠莫見其面，覘文輒見其心。豈成篇之足深，患識照之自淺耳。夫志在山水，琴表其情，況形之筆端，理將焉匿？故心之照理，譬目之照形：目瞭則形無不分，心敏則理無不達。

「情動而辭發」，「披文以入情」，「文」、「辭」同一，爲兩方「獻」、「酬」之中介，「文」「辭」爲「波」，「情」爲「源」，「沿波討源」即以「文」、「辭」觀「情」，「雖幽必顯」是對語言能力的信賴，以下「形之筆端，理將焉匿」是說「言盡意」。

究竟應該怎樣估計劉勰對言、象問題的觀點？首先就要注意到劉勰並不如王弼接著經學的系統講他的玄學，因而是以「言」，「象」、「意」爲直接對象予以論述，而實是以「言不盡意」爲背景講他的創作論題，《序志》有「言不盡意、聖人所難，識在瓶管，何能矩矱」。劉勰並不是要直接去講「言意之辨」。無疑，劉勰是注意到「言」、「意」間的複雜關係，注意到以「言」達「意」的困難，以上《物色》、《書記》、《夸飾》、《知音》表示的是劉勰對語言傳達意旨能力的信心，他並沒有特別著意於「盡」或「不盡」的問題。

劉勰《夸飾》曾直接闡說過言辭所能表達和所不能表達的分野：「形而上者謂之道，形而下者謂之器，神道難摹，精言不能追其極，形器易寫，壯辭可得喻其眞」。即「道」不可「追」「摹」，「形」可「喻」「寫」。這即是老，莊以下之常談，「道」不可「道」，言論「極物而已」；王弼一方面說「無不可以訓」，一方面又以爲「意以象盡，象以言著」。劉勰尤其注意的實是如何以「言」達「意」這一可能方面：「詩人感物，聯類不窮，流連萬象之際，沈吟視聽之區」（《物色》），所感思之對象都是實存的，「皎日」、「慧星」、「參差」、「沃若」之類莫不如是，「近代以來，文貴形似」針對的亦是「風景」、「草木」，凡此皆屬「形而下者謂之器」。且《物色》之「一言窮理」，「兩字窮形」實非直接回答「言盡意」抑「言不盡意」的問題，而是說「以少總多」可「窮形」、「窮理」，「情貌無遺」，是以一種方式來達致情貌的表現，如同「立象以盡意」以「言不盡意」爲前提，下文謂「《

離騷》代興、觸類而長，物貌難盡」，亦是承認表達困難。「以少總多」是劉勰深受玄學影響的一點（註八），他曾言及「乘一總萬，舉要治繁」（《總術》），「以少總多，情貌無遺」，他主張寫景「物色雖繁而析辭尙簡」（《物色》），寫情志，雖夸飾，但「窮其要則心聲鋒起」（《夸飾》）。事實上，劉勰總是一方面強調言意之間的複雜關聯，一方面試圖以語言的功能去溝通兩者，這正是文論家之本色。如陸機雖嘆「文不逮意」，但作文以述「先士之盛藻」，希冀能有所言；劉勰也一方面慨嘆「伊摯不能言鼎，輪扁不能語斤，其微矣乎」，但又以爲「至精而後闡其妙，至變而後通其數」（註九）（《神思》）。《神思》向爲論者推爲劉勰創作論之總綱，其中猶見如陸機之「物」、「意」、「文」三層次。

> 思理爲妙，神與物游。神居胸臆，而志氣統其關鍵；物沿耳目，而辭令管其樞機。樞機方通，則物無隱貌；關鍵將塞，則神有遁心。

「神與物游」即是「神思」之要義，而其後「辭令」是講見於文辭的傳達，大致如下示：

—←構思→—←傳達→—

物——————神——————（文）

志氣　　耳目　　辭令

末兩句各有其反面：「樞機」將「塞」，則「物」「隱貌」；「關鍵」「方通」，則「神」

無「遁心」。由以上所示兩階段看，「氣倍辭前」，「半折心始」可知所說全在「辭令」表達的兩端，「意翻空而易奇，言徵實而難巧」正比較兩個過程的不同：「意」爲「文之思」、「其神遠」的結果，「言」則經文辭的框範。由此可見劉勰所注意的表達的困難實重在「意」至「言」、「文」這傳達的一方面。「意授於思，言授於意」，「意」、「思」都屬主體，「言」則由主體形諸外在，「密則無際，疏則千里」，正說明其間的離合不協。

三、寄言出意與象外，言外

前已分析，《莊子》「言不盡意」的觀念，經荀粲的借鑑引申，突出了「象外」、「言表」。在文學中，即指深致的意趣在文字之外，在文字構成的文學景致形象之外。這成爲後代詩學努力追求的超越性境界。然而此種超越性境界的實現，並不能離開了語辭及語辭所構成的詩學之象。對後者的這種觀念，實由「得意忘言」論反呈在創作傳達論中的寄言出意思想導出。《莊子．外物》「意」爲魚、兔，言爲筌、蹄，魚、兔爲主，由筌蹄而得魚兔，筌蹄可棄，然未獲魚兔則不能無筌蹄。《抱朴子．文行》：「筌可棄，而魚未獲則不得無筌。文可廢，而道未行則不得無文」。「得意忘言」固啓示人不可執言，同時也意味著不可無言，尤其對傳達過程，必由言而後可出意。王弼論「意」、「象」、「言」亦有此義。王弼以「

無」不可訓，其以《齊物論》以下大全不可分毀的辯言詮釋《老子》「大音希聲」，注曰：「聽之不聞名曰希，不可得而聞之音也。有聲則有分，有分則不宮而商矣。分則不能統衆，故有聲音。非大音也」，然而另一方面又說：「音而聲者，非大音也」，然「五音不聲，則大音無以至」（《老子指略》）即謂「聲音」雖非「大音」，但無「聲音」亦無以傳達「大音」，聲音終棄，但又不可始棄。（註一〇）

文學中「言意之辨」的主題，「寄言出意」與「意在言外」或「意在象外」互爲支持，前者爲不可或缺之手段，而後者爲最終追求之目標。這一層關係，《莊子》、王弼蓋已說穿，而佛家雖主言語道斷，但也說得透闢，《禪宗永嘉集》記玄覺和尚語：「妙旨絕言，假文字以詮旨，眞宗非相，假名相以標宗」。歸結古典文學論中言意之困難在表達過程中，而表達過程中的「寄言出意」和「言外」、「象外」，歸根即語言功能的發揮。這也就是老、莊、玄學輕視言文，但文學論借鑑它們由對言文的超越而又依重言文的眞秘。龜山正元禪師曾有偈：「已到岸人休戀筏，未曾度者要須船」（《五燈會元》卷四）。文論家中以姜夔說得最透：「文以文而工，不以文而妙，然捨文無妙」（《白石道人詩說》），妙爲絕，詣但不因文而成，但又不能捨之，否則不成文，且正要由文的營構方妙；「不以文而妙」即是說不執於文而已。直到近代姚鼐還說：「神理氣味者，文之精也；格律聲色者，文之粗也。然苟舍其粗，則精者亦胡以寓焉」（《古文辭類纂序》）。

《莊子》關於言、意的思想甚具穿透力，對於玄學言意之辨，言不盡意、得意忘言兩大主題早有論列；而對文學言意觀的兩個要題，「寄言出意」及「言外」、「象外」也呈現了有力的影響：前者由「得意忘言」反轉而來，而「言外」、「象外」的方向得自《莊子》「言不盡意」論所內含的意在言外思想的發揚；寄言出意、言外象外的辯證關係也在魚兔筌蹄的譬喻中內含著了。

表述言、象、意關係中寄言出意的最佳詩作當推陶淵明《飲酒》：

採菊東籬下，悠然見南山。山氣日夕佳，飛鳥相與還。此中有眞意，欲辨已忘言。

「眞意」得之於心，而難形之於言語，是言難盡意。但既指明「此中有眞意」，「此」即「山氣日夕佳，飛鳥相與還」之「象」，「意」在「象」中，則「象」及構「象」之「言」自不可廢。細析之，此中含兩階段；由所見之飛鳥夕歸之物象，領悟其中「眞意」，此當是本體世界一端，「欲辨」之「眞意」已非全同於物象所具的「眞意」，此即「受」的一方面；而「忘言」，於詩人一是得意而忘言的領會，一是不可直接以言傳此「眞意」的暗示，後一點即表示「授」的困難，即文學中的「言不盡意」。對此「言不盡意」的解決乃是以言構象，直寫從中有所領悟的物象，待接受者的共參。此正所謂文學傳達「言不盡意」，詩人「立象

（以言）以盡意」。

四、寄言出意與比興

就詩學而言，「寄言出意」即詩人將所欲表達的意旨據言辭以構「象」，寓示之。此與「比興」有溝通處，章學誠《文史通義・易教》：「《易》象通於《詩》之比興」，此誠有見之說，而鄭玄早有議論，《周禮・天官・司裘》注曰：「玄謂廞，興也；若詩之興，謂象飾而作之」。

㈠「興」二層義

「比興」之義歷來聚訟紛紜，不可究詰。「比興」原列於「六詩」，據《周禮・春官》，「大師」「教六詩，曰風、曰賦、曰比、曰興、曰雅、曰頌」；《毛詩序》「六詩」爲「六義」：「詩有六義焉：一曰風、二曰賦、三曰比、四曰興、五曰雅、六曰頌」，二者排列相同。據孔穎達疏：「六義次第如此者，以《詩》之『四始』以風爲先，故曰風，風之所用以賦、比、興爲之辭，故於風之下即次賦、比、興，然後次以雅、頌；雅、頌亦以賦、比、興爲之，既見賦、比、興於風之下，明雅、頌亦同之」（《毛詩正義》卷一）。此即以賦、比、興是風、雅、頌之用，又曰：「風、雅、頌爲《詩》篇之異體，賦、比、興爲《詩》文之異辭耳……賦、比、興是《詩》之所用，風、雅、頌是《詩》之成形，用彼三事，成此三事，是故同稱爲義，非別有篇卷也」，釋說甚明，以「賦、比、興」爲《詩》成形之方式，即歸之於作詩的技術層面。漢儒釋《詩》，所論在於《詩》本文所呈現的「賦、比、興」的表現特徵，舉凡鄭衆曰：「比者，比方於物也；興者，托事於物也」（《周禮・春官・大師》鄭玄注引，《周禮注疏》卷二十三），鄭玄曰：「賦之言鋪，直鋪陳今之政教善惡；比，見今之失，不敢斥言，取比類以合之；興者，見今之美，嫌於媚諛，取善事以喻勸之」（註一一），皆是。直至後代朱熹《詩集傳》說「賦、比、興」亦是如此，所謂「比者，以彼物比此物也」，「興者，先言他物以引起所詠之辭也」。以說詩者就《詩》之本文說「比」、「興」，所論在於表達技術層面亦無足怪，但作爲托物寄意的「比」、「興」往往難以完全劃清，朱熹因有「興而比」之說。（註一二）「興」之語義，《說文》、《爾雅》釋爲「起」，《毛詩》、《鄭箋》說《詩》多有「興，起也」。（註一三）《毛詩故訓傳》「獨標興體」（劉勰《文心雕龍・比興》），標明「興也」計百十餘起，其用以「興」者大抵草木山川、鳥獸蟲魚，「物」而已也。此即透露出「興」在於「人」、「物」之間。晉摯虞雖仍就呈現於詩本文的「興」立論，但已抉出一「感」字，「興者有感之辭也」（《文章流別論》）劉勰《文心雕龍・比興》論「興」：「興者，起也……起情者，依微以擬議，起情，故興體以立」，提出「

情」字；孔穎達綜合前人之說：「興者，起也，取譬引類，起發己心，詩文諸舉草木鳥獸以見意者，皆興辭也」（《毛詩正義》卷一），明一「心」字。綜而言之，「心」是人的主體，「感」爲「心」與「物」的交通，「起情」則有「擬議」，即《詩大序》「情動於中而發爲言」，由此言之，則「興」指「心」、「物」交感而「情」「起」。心物關係是古典詩學講藝文生成的基本立足處，《禮記·樂記》：

樂者，音之所由生也，其本在人心之感於物也。

凡音之起，由人心生也；人心之動，物使之然也。感於物而動，故形於聲。

《文賦》：

遵四時以嘆逝，瞻萬物而思紛，悲落葉於勁秋，喜柔條於芳春……慨投篇而援筆，聊宣之乎斯文。

《文心雕龍·明詩》：

人稟七情，應物斯感，感物吟志。

《物色》：

物色之動，心亦搖焉。

情以物遷，辭以情發。

《詩品序》：

氣之動物，物之感人，故搖蕩性情，形諸舞詠。

各節皆謂「物」「感」「人」之「心」「情」，而後由主體「吟志」，「形」「諸」「音」、「聲」、「舞詠」。「辭」、「篇」。「興」與「情」、「感」相關，除上引者代不乏人。劉勰《文心雕龍·詮賦》：「登高之旨，蓋睹物興情，情以物興……物以情觀」，《物色》：「情往似贈，興來如答」；題賈島《二南密旨》：「感物曰興」，「外感於物，內動於情，情不可遏，故曰興」；梅堯臣謂聖人於詩「因物興以通」（《答韓三子華韓五持國韓六玉汝贈述詩》）；葛立方《韻語陽秋》：「觀物有感焉，則有興」；羅大經《鶴林玉露》：「興者因物感觸」（卷十）。胡寅曾稱：「賦、比、興、古今論者多矣，惟河南李仲蒙之說最善」（《斐然集·致李叔易》）。然細析之，三者似有差異：「敘物以言情，謂之賦，情物盡也；索物以托情，謂之比，情附物者也；觸物以起情，謂之興，物動情者也」。「敘物以言情」，「索物以托情」似皆可意會爲主體創作的行爲：「敘」、「索」皆表主動，「言情」、「托情」之「情」皆爲主體之「情」。而「觸物以起情」則不然。如謂同於上兩句爲主體創作之表述，則「情」當爲讀者之「情」，「觸」不可解；因之是說作者與外物交感之「興」「起」，「情」爲主體表達者之「情」，因之與上兩句程序不同。此正顯示出「興」與「比」、「賦」

之不同，「興」之爲傳達技術是一層面，而它又爲心物交感而情動的表述，兩者不可混合，前者是屬詩人將一己之情志抒於言文的傳達階段，而後者是說詩人發生創作行爲的初源。

㈡「象」：《詩》《易》相通

「興」之「起」義即「心」「物」交感而「情」「興」起與譬喻義即「取譬引類」，兩者當分疏，又可合說。對於詩人而言，感物心動而發抒爲辭文。「情以物遷，辭以情發」（《文心雕龍·物色》）。是其使命完成的完整過程。即有心動而後須使之傳達於文，只有直覺而不呈現於藝術品不成其爲完整的藝術過程，故而「興」見乎辭有「興辭」。說詩者探究詩藝乃爲興法，古來釋《詩》之「比興」多是就其比興方法而言，「舉草木鳥獸以見意」即「興」法，而「詩文諸舉草木鳥獸以見意者，皆興辭也」（《毛詩正義》卷一）。鳥獸草木之類是「物」，鄭衆論「興」爲「托事於物」，即此義。「物」與「象」實有關聯。草木鳥獸作爲自在之存在是爲「物」，然見諸文辭之中成爲欲「見意」所寓托的「物」，則是「象」了。《易·繫辭傳》：「《易》者象也，象也者像也」，孔疏：「《易》卦者寫萬物之形象，故《易》者象也。象也者像也，謂卦爲萬物象者，法像萬物」，即說《易》之「象」皆仿像萬物而後得者。《繫辭傳》稱古之聖人「仰則觀象於天」，「俯則觀法於地」，「觀鳥獸之文與地之宜，近取諸身，遠取諸物，於是始作八卦」，又說：「聖人有以見天下之賾，而擬諸其形容，象其物宜，是故謂之象」；段玉裁《說文解字注》曰：「《周易》用『象』爲『想象』之義」，「象」實經主體意向化了的「物」，已非原「物」。

㈢「比」與「興」、「興象」

「物」、「象」關係明，知草木鳥獸皆爲《詩》中之「象」，於是知曉由《易》而來之「象」與儒家詩學之「比興」何以相通，即欲傳達意旨（《易傳》是意、象、言，《詩》學是「興」之感發到「興」之傳達），都要假借於「象」。章學誠《文史通義·易教》：「戰國之文，深於比興，即其深於取象者也；《莊》、《列》之寓言也，則觸蠻可以立國，蕉鹿可以聽訟；《離騷》之抒憤也，則帝闕可上九天，鬼情可察九地」，即指明「比興」在於「取象」，而所列舉《莊子》、《列子》、《離騷》皆文學要籍。此歷來說者已點出，如孔穎達《周易正義》謂：「《易》者，象也，以物象而明人事，若《詩》之比喻也」；陳騤《文則》稱：「《易》之有象，以盡其意；《詩》之有比，以達其情」。然而這裡不像章學誠連比興而言，只標舉「比」，這仍回到「比」、「興」之別的問題。前已分析，李仲蒙之「觸物起情」爲「興」，「索物托情」爲「比」，似不能並列比較，而鄭衆「比方於物」、「托事於物」亦不十分明徹，孔穎達即謂「同是附托外物」，他的解說是「比顯而興隱」，「《毛傳》特言興也，爲其理隱故也」。這就說詩者的詮解立場而言，實最爲平實。此承自劉勰，

《文心雕龍．比興》即有「比顯而興微」之說，且謂：「興之托諭，婉而成章……明而未融，故發注而後見也」，此似是對「毛公述《傳》，獨標興體」原因的解說。《比興》篇對「比」、「興」呈現於作品中的情狀之別似有隱示。其中先舉《詩》例，「金錫以喻明德，珪璋以譬秀民，螟蛉以類教誨，蜩螗以寫號呼，澣衣以擬心憂，席卷以方志固」，而後又列宋玉到張翰釋「比」之「取類不常」及漢魏以下「圖狀山川，影寫云物，莫不纖綜比義」，似以為「比」將喻體、喻指並現明示，所舉詩句：「麻衣如雪」，「兩驂如舞」，「青條若總翠」皆為佐證（註一四）。參稽鄭《箋》往往用「如」、「若」、「猶」、「喻」指明《詩》中「興」之所在，更可明了劉彥和所謂「興」須「發注而後見」之「隱」。就《比興》而言，實有偏枯，劉勰說「比」多而「興」則相形為少。然劉既以為「比」、「興」有不同的消長，所謂「興義銷亡」，「比體雲構」（註一五），且批評漢之辭賦「日用乎比，月忘乎興，習小而棄大，所以文謝於周人也」；則由「比」之喻體、喻指並列明示，可知「興」當較之「比」更為渾然，意旨見於物象而不直白於接受者、詮釋者，當待後者抉發乃明白暢達。此或臆說，然亦非全無根據，皎然《詩議》以為「比」「全取外象」，而「興」「立象於前」，即可說解兩者之別，雖皆取於外象，但一取外象以說，盡於此，一以象呈現於前，其中意旨尚待引發。《詩式》論及「池塘生春草」、「明月照秋雪」謂：「意有盤礴者，謂一篇之中，雖詞歸一旨，而興乃多端」，「興」之「多端」正說意之多重不盡，待引發也。

「興」、「比」之不同既有分別，乃可明白何以有「興象」而無「比象」之說。蓋所「比」之「意」與用以「比」之「象」關聯既較為確定，由象達意之過程甚為分明，以西方現代符號語言學說來看，既其指涉性強，較為透明，故而棄「象」的趨向甚強，即使非藝術的涉理路的文字亦多可設喻，刪除此類譬喻也無害其說理主幹，主旨仍在；而欲「興」之「意」寓托於「象」中，因其「多端」，即指涉含糊，象喻不易涉渡，故反而保全象喻的趨向較強。或許可以說，「興」較「比」更近藝術本性。

「興象」之名立於唐代殷璠，其《河岳英靈集》評詩多用「興象」一辭，如評陶翰：「既多興象，復備風骨」；評孟浩然：「無論興象，兼復故實」；批評齊梁詩：「都無興象，但貴輕艷」等。前已釋說，「興」「觸物以起情」，「象」則依象萬物，一為接受是「來」，一為傳達是「去」，「興」是所欲表現的心物交感之情，而「象」則是用以表現的符號、兩相結合，「興」、「象」間關係深致（註一六），既寓托了所欲「興」之意旨，又提供了讀者接受的詩「象」。後來如明代胡應麟《詩藪》：「盛唐絕句，興象玲瓏」（內編卷三），許學夷「唐人律詩以興象為主」（《詩源辨體》），清代紀昀有「興象天然」、「興象深微」等說法（《瀛奎律髓刊誤》）。「興象」溝通了主客的關聯，劉勰《文心雕龍·神思》即說：

「神用象通」；王昌齡《詩格》：「心通其物」，「物通即言」，此兩「物」不同，前爲外界自在之「物」，後「物」既經「心通」，當是「象」義（註一七）。「物」、「心」、「象」、「言」是一完整的詩歌生成過程，「興象」即此過程的結果。王昌齡《詩格》已說：「凡詩，物色兼意興爲好」，其義即「詩」以「興」與「物色」之結合爲佳，這亦萌發於劉勰，《文心雕龍・物色》已論及「情」、「物」的交互關係（劉彥和「情」、「興」相關，《詮賦》：「觸興致情」。）

四興象與象外、言外

「興象」聯通詩人和讀者雙方，根本在於其含義之豐富（多端）和暗示（隱），使讀者可自由申發，「象」與「興」非單一的對應，鍾嶸《詩品序》更「賦、比、興」之次第爲「興」、「比」、「賦」，且釋「興」曰：「文已盡而意有餘，興也」，眞是先聲。此與「意在言外」呈同一趨向，啓示讀者不可只是「全取外象」，要注意到「象外之興」。馮班雖誤錄劉禹錫「境生象外」（《董氏武陵集紀》）爲「興在象外」（《鈍吟雜錄》卷五），但亦非僅有，方東樹亦有「興在象外」一說（《昭昧詹言》卷十八）。作者所寄寓、讀者所領會當合爲一體，形成一個共同的藝術空間，羅大經《鶴林玉露》卷十《比興》：「興者，因物感觸，言在於此而寄意於彼，玩味乃可識」，李東陽《麓堂詩話》：「比與興者，皆托物寓情而爲之者也，蓋正言直述則易於窮盡而難於感發，惟有所寓托，形容摹寫，反覆諷詠，以俟人之自得，言有盡而意無窮，則神爽飛動，手舞足蹈而不自覺」。此論「比興」與歐陽修《六一詩話》、司馬光《續詩話》論言意殊同，《六一詩話》記梅堯臣語：「必能狀難寫之景，如在目前，含不盡之意，見於言外，然後爲至矣……作者得於心，覽者會以意，殆難指陳以言也」；《續詩話》：「古人爲詩，貴於意在言外，使人思而得之」。

「興」及「言意」論共同的導向即以「象」傳旨。「言不盡意」的玄學命題轉換入文學領域成爲對傳達困難的表述，這種困難的克服仍舊在於言語，充分運用其功能，造成不拘於言語本身的意旨多重性。「比」、「興」都具譬喻之一方面，但相對而言，如上所述，「比」較明確，而「興」爲多義，故有「興象」之成立。「興象」含有多義，建立「興象」可說正是發揮語言功能的實踐環節。詩文中言語之用即造成較具涵蓋性的格局，於古典詩學中最顯明的路向即物象或景色之營構。鍾嶸說「文已盡而意有餘，興也」，是說「興」之形諸詩象的這一特點，劉勰同樣表達了一層意思，「若乃山村皋壤，實文思之奧府」，詩之描寫當「物色盡而情有餘」（《物色》），即非止於「體物」而已。《隱秀》一篇所論之「隱」即文旨之多重和不盡：「隱也者，文外之重旨者也……隱以復意爲工……隱之爲體，義生文外」，這明確將意之不盡標示爲「文外」，張戒《歲寒堂詩話》引劉氏語：「情在詞外曰隱」，此

「外」字即標志了文學之佳境不止於文字所表現者，尙有超乎所表現者在。「文外」也可理會爲文辭所描畫的景象之外，此在較爲直觀的繪畫中更爲顯然，較劉氏稍遲的謝赫著《古畫品錄》說得明白：「若拘以體物，則未見精粹，若取之象外，方厭膏腴，可謂微妙也」。此「象」既可說是傳統所賦予，也深受佛學影響。佛家假象見義是爲常談，「象者理之所假」（慧琳《竺道生法師誄》），「托形象以傳眞」（慧皎《高僧傳·義解論》），「象外」即是「意」、「玄談」，「撫玄節於希聲，暢微言於象外」（僧衛《十住經合注序》），「窮心盡智，極象外之談」（僧肇《般若無知論》）。「外」義一立，繼者無已。劉勰論「隱」以「文外之重旨」，皎然《詩式》稱「兩重意以上，皆文外之旨」。唐人詩作「興象」爲尙，「興」義多端，「象外」成爲詩學常談。皎然《詩評》論構思「繹慮於險中，采奇於象外」；劉禹錫《董氏武陵集記》：「境生於象外」；司空圖《詩品》：「超以象外，得其環中」，比比皆是。司空圖更以爲「象外」是「象」，有「象外之象，景外之景」（《與極浦書》），但無論怎樣，總以「象」寓「意」，故又有「味外之旨，韻外之致」的說法（《與李生論詩書》）。宋人論詩甚多且精，所謂「象」是「言」所寫構，宋人直講「言」、「意」乃多。《六一詩話》載梅堯臣語：「必能狀難寫景如在目前，含不盡久意見於言外，然後爲至矣」，透露其中消息：「景」由「言」「寫」「狀」，「言外」即「景」、「象」之外。「言外」

之說，不絕如縷，又特重作者之創設「言外」境界，而讀者意會此「言外」境界，共同構成一藝術之境，司馬光《續詩話》：「古人爲詩，貴於意在言外，使人思而得之」。

「言」、「意」關係是歷代大家所留意的，蘇軾嘗謂：「言有盡而意無窮者，天下之至言」也（《白石道人詩說》引）。宋人講究詩之技巧，又深明技巧非詩之要本所在，姜白石說：「文以文而工，不以文而妙」。後代如李重華稱詩「蘊含只在言中，其妙會更在言外」（《貞一齋詩說》），薛雪稱「格律聲調，字法句法，固不可不講，而詩即在字句之外」（《一瓢詩話》），同是斯旨。然而言只是一個方面，「言外」、「象外」之境界的實現，仍有待對「言」、「象」的營構，即以「言」構「象」而寄「意」。兩相結合，方成完璧，即沈祥龍《論詞隨筆》所謂：「含蓄者，意不淺露，語不窮盡，句中有餘味，篇中有餘意，其妙不外寄言而已」，也就是前面說過的文學中言意關係論的寄言出意之詩學實踐與對「言外」、「象外」詩學境界的追求，相輔相成，辯證結合。

【附　註】

註　一　「世之所貴道者書也」之「道」據S一六〇三號《天道》寫本刪，參顧易生先生的注說，《先秦兩漢文學批評史》頁二一〇。

註二 《庚桑楚》：「知止乎其所不能知，至矣」，《胠篋》：「天下皆知求其不知而莫知求其所已知者」，與此義同。

註三 言意、名實相混，是歷來多見的現象，尤其見於歐陽健《言盡意論》。此文實以「名」「實」相符說「言盡意」，兩者實不相干，故下文論玄學不及之。觀其文：「形不待名而方圓已著，色不俟稱而黑白以彰；然則名之於物，無施者也，言之於理，無爲者也」，「欲辯其實，則殊其名，欲宣其志，則立其稱；名逐物而遷，言因理而變，此猶聲發響應，形存影附，不得相與爲二矣。苟其不二，則言無不盡矣，吾故以爲盡矣」（《藝文類聚》十九引）。此明是以形名牽合言、意。「言不盡意」是釋義所面對之已然情狀，以「名」、「實」出之當是「名不符實」。此處以「名當符實」、「實爲名先」詮說，是「循名責實」的思路，與「言不盡意」了無相干，與依言見意或有相似。但依言見意對言、意是否相合並無定然的意見：在知性範圍內，邏輯地講，只有言盡意，才可由言見意；然超乎此範圍，仍可「言不盡意」。因「意」不可「言」，這所「言」非所「意」，如《莊子・天道》，依言所見之「意」竟是「糟粕」而非「精華」。這是問題關節，歐陽建於此正失於析論。在漢魏形名重興的背景下，歐陽建之論了無新義。徐幹《中論・考僞》：「名者所以名實也，實立而名從之，非名立而實從之也」；王弼《老子指略》：「夫不能辯名，則不可與言理；不能定名，則不可與論實也。凡名生於形，未有形生於名者也」。

王弼亦同意名實之確實的關聯，但這只是知性範圍內的。這並不影響他論「言」、「意」之「得意忘言」，因其更高的意旨超乎形名：

註四　比照下文，當是「象」字，明《丹鉛雜錄》卷十載《晉陽秋》所引正作「象」，參王葆玹《正始玄學》頁三二五。

註五　《大般涅槃經音義》引魏張揖晉郭象曰：「表，外也」；「系表」後爲一通用辭，參王葆玹《正始玄學》頁三二六。

註六　參觀下文「象生於意而存象焉，則所存者乃非其象也」，「言生於象而存言焉，則所存者乃非其言也」，說「意」存於「象」，「象」存於「言」，是即「意」存於「象」中，「象」存於「言」中，而非「外」。而「所存者」即「意」、「象」，又「非其象」、「非其言」，則不同一。或以爲是「不盡」的表示，實則更可解釋爲本體與媒介之不同一，與媒介能否完全表達本體是不同的問題。

註七　《老子指略》：「不能辨名，則不可與言理；不能定名，則不可與論實也」，王弼早已言及此點。

註八　王弼《周易略例．明象》：「物無妄然，必由其理，統一有宗，會之有元……向統而尋之，物雖衆，則知可以執一御也；由本以觀之，義雖博，則知可以一名舉也」。

註　九　此「數」即《莊子．天道》輪扁所謂「有數存焉」之「數」。

註一〇　王弼的言論有時也不盡是，蓋由於經學注釋，隨緣說法，即使發揮己意，亦不能不受所注經文的影響。《易傳》有言象意論題，王弼得以析論；《論語》則不同，其釋「予欲無言」：「無言，蓋欲明本……夫立言垂教，將以通性，而弊至於湮，寄旨傳辭，將以正邪，而勢至於繁。既求道中，不可勝御，是以修本廢言，則天而行化」。「廢言」則「無言」，「寄言傳辭」一路完全棄絕。

註一一　鄭玄立義與《毛詩序》之比興美刺說有一脈相承之緒，此後構成另一傳統，即如陳子昂之「興寄」和白居易之「比興」。比較兩鄭而言，正如劉寶楠《論語正義》所謂：「先鄭解比興就物言，後鄭就事言」。

註一二　羅大經《鶴林玉露》卷十《比興》：「興多兼比、賦，比賦不兼興，古詩皆然」。

註一三　《詩．鄭風．女曰雞鳴》：「子興視夜」之「興」，正「起」義，其餘如「夙興夜寐」，「載寐載興」，將「寐」、「興」對舉，「興」即「起」義。

註一四　潘岳《螢賦》：「流沙在金」，原文作「若流金之在河，載飛載止」，與張翰詩之「若」同。

註一五　劉勰指出「興」亡「比」盛的歷史，有其文學史的依據，側重在藝術表現方式的變遷。但他歸因於「詩刺道喪」則似有誤且自相矛盾。篇中稱「比則蓄憤以斥言，興則環譬以托喻」，承漢儒詩說而來，如此說來，「刺道喪」當是「興」盛而「比衰」，豈會相反？所以如此，根本原因在於劉勰折衷比興的藝術的層面和漢儒美刺之詩用層面，混而言之，未加明白析理之故。

註一六　蘇珊・朗格《藝術問題》論一件藝術作品使讀者「看到的或直接從中把握的是滲透著情感的表象，而不是標志情感的記號……藝術符號的情緒內容不是標志出來的，而是接合或呈現出來的」

註一七　《文心雕龍・詮賦》「情以物興」、「物以情觀」，兩「物」似亦當如是觀。

附錄一：

戰國西漢老莊流別異同述略

陳引馳

一、司馬父子整齊學術中的老莊

司馬遷著《史記》，志向宏大，希求「究天人之際，通古今之變，成一家之言」（《報任安書》），因而整齊以往學術便是不可或缺的一項工作，他自己就說過「整齊百家雜語」（《太史公自序》）的話。今通觀《史記》中諸子百家的傳記，最出乎意表的是《老子韓非列傳》將老子、莊子、申子和韓非四人合傳。要探究其根據，首先該分析司馬遷對老、莊、申、韓各人的認識。關於老子，司馬遷評曰：「老子修道德，其學以自隱無名為務」，他對老子學說的概括只是「無為自化、清靜自正」八字（《太史公自序》亦此八字）。此出自今本《老子》五十七章：「我無為而民自化，我好靜而民自正」。《傳》中還記老子答孔子問：「君子得其時則駕，不得其時則蓬累而行」，主張要去除無益於身的「驕氣」、「多欲」、

「態色」、「淫志」。要言之，司馬遷心目中的老子有實行清靜無為統治和隱逸修身兩個方面。至於其餘三位，司馬遷都指明了與老子的關係：莊子「其學無所不窺，然其要本歸於老子之言……剽剝儒墨」；「申子之學本於黃老而主刑名」；韓非「喜刑名法術之學，而其歸本於黃老」。值得注意的是，他將申、韓之學推源於黃老，而莊子僅及老而已。這中間暗示了很大的學術分野。申、韓重法術，干諫諸侯，從事於實際政治，而莊子「其言洸洋自恣以適己，故自王公大人不能器之。」然而司馬遷的分別也僅止於此。從學理上說，老莊合為一流是適當的，老、韓也有一定的溝通，而莊韓同傳，實在勉強，其間容或有不得已的原因。而司馬遷著書，並非一己之放言，他受當時整理學術的思潮影響。司馬遷之父司馬談臨終囑遷：「無忘吾所欲論著矣」，司馬遷答：「請悉論先人所次舊聞，弗敢闕」。司馬談整齊前代學術，始以「某家」來劃分各派源流，前之《莊子・天下》、《荀子・非十二子》等都只舉稱各人，未嘗另立一名以統攝之。（註一）如司馬談所論道家（註二）旨要：

> 道家使人精神專一，動合無形，贍足萬物。其為術也，因陰陽之大順，采儒墨之善，撮名法之要，與時推移，應物變化，立俗施事，無所不宜，指約而易操，事少而功多。

先體後用，其主體以老為主，莊亦非無涉，如「精神專一，動合無形」，《莊子》書中也講：「用志不紛，乃凝於神」（《達生》），「官知止而神欲行，依乎天理」（《養生主》）。

至於其用，則是以流溯源，從漢代兼采各家的黃老入手，注重老學清靜無爲的側面。司馬談提舉六家綱要，述道家後特與儒家比較，以爲後者：「以爲人主天下之儀表也，主倡而臣和，主先而臣隨，如此則主勞而臣逸」，顯然是就漢代儒學與黃老術爭執而發的政論，與莊學更無瓜葛。且司馬談說六家皆「務爲治者也」，莊子實在難以側身其間。不過他論學不具引言辭，不明列姓氏，因而不易明辨老、莊是否歸同。司馬父子之前，老莊合稱見諸載籍者，惟《淮南子．要略》：「《道應》者，攬掇遂事之蹤，追觀往古之跡，察禍福利害之反，考驗乎老莊之術，而以合得失之勢者也」。《道應訓》大抵引述陳說故事，而總結以老子之言，尤類《韓非子．喻老》之體。其中涉及《莊子》，如直引《逍遙遊》：「小年不及大年」，「小知不及大知」，「朝菌不知晦朔，蟪蛄不知春秋」；又以《天道》中輪扁斫輪故事喻解《老子》：「道可道，非常道；名可名，非常名」。但此類比附，隻言片語，斷章取義，並非從學術總體上加以剖判，而是各作引伸。比如太公亶父遷岐，《莊子．讓王》、《呂氏春秋．審爲》、《淮南子．道應訓》皆有，而其側重各不同：《讓王》以太公「尊生」，譏詆「世之人居高官尊爵者……見利輕亡其事」；而《道應訓》引《老子》：「貴以身爲天下，若可寄天下，愛以身爲天下，若可託天下」（十三章）歸納（參孫德謙《古書讀法略例》卷一）。司馬遷整齊諸子學術，受時代思潮的影響，歸同老莊申韓的承緒，雖語焉不詳，但他也注意了莊與申韓同源異流的差異。正是在這個漢人並未給予明晰判別的問題上，司馬遷給後人留下了一個值得推究的暗示。

二、老莊異趨的內在契機

老莊異同，歷來說辭紛歧，倘不以今人思想責求於古人，參校百家爭議中互為批評的意見，大致可以捉摸。《莊子・天下》是現今可見最早的同時論及老、莊兩人的學術史文獻。其中，老、莊分為兩流，其餘諸流，《天下》皆有貶詞，唯老、莊純是贊語。比較《天下》所論老、莊，只老之「澹然獨與神明居」與莊之「獨與天地精神往來而不傲倪」有溝通處。於老子，《天下》突出了知雄守雌，清虛自守和有之學說；於莊子則突出了天地生死混沌無別，變化無常的觀念，及與之相應的超越性人生態度和漫渺無涯、弘大深闊的言說風貌（或許在莊子看來，老子講百辱雄雌之別也是當破的偏執之見）。比照《荀子・解蔽》：「莊子蔽於天而不知人……由天謂之道盡因矣」，《呂氏春秋・不二》：「老聃貴柔」，大致是一致的。可以說《天下》體現了莊學及老學的基本面貌。如果予以不恰當的否定，那麼荀子說的莊子「因」的特徵也勢必沒有了著落。所謂「因」無非即由天地之大處著眼，萬物可齊一，因而無須泥於是非，「上與造物者游，而下與外死生無終始者為友」（《天下》），即「逍遙」之義。因而由《天下》來考察《莊子》，《逍遙遊》、《齊物論》一支思想當是莊學的主幹。

《天下》提到老子「建之以常無有，主之以太一」，此即是其道論。《老子》二十五章：「有物混成，先天地生，寂兮寥兮，獨立不改，周行而不殆，可以爲天下母。吾不知其名，字之曰道，強爲之名曰大」。前段講「同出而異名」（一章）的「有」、「無」，後「字之曰道，強爲之名曰大」，即「主之以太一」。「道」之本性爲「自然」，所謂「人法地，地法天，天法道，道法自然」（二十五章）。「自然」乃一自在自爲的狀態，「自然」之運作規律是「反」，「反者道之動」（四十章）。此「反」有二義，其一「逆反」之「反」，其二「返歸」之「返」。「反」，故「禍兮福之所倚，福兮禍之所伏」（五十八章）；「返」，即所謂「夫物芸芸，各復歸其根」（十六章）的「周行而不殆」（二十五章）。老子似尤注重「反」，即兩分對待的相反相成和相互轉化：「有無相生，難易相成，長短相形，高下相傾，音聲相和，前後相隨」（二章），「將欲歙之，必固張之，將欲弱之，必固強之，將欲廢之，必固興之，將欲奪之，必固與之，是謂微明，柔弱勝剛強」。（三十章）老子「貴柔」，施之於世，即是據事物之「自然」運作的「反」這一規律以獲成功。「反者道之動」與「道法自然」既是老子本體論的命題，也是他政治理論的基石，或曰「反」與「自然」是溝通其思想兩部分的關鍵。老子之「自然」直接用於現實政治論述中：「悠兮，其貴言，功成事遂，百姓皆謂我自然」（十七章）。當然老子政治論術語最關鍵且予後人影響最大的是「無爲」。「自然」是說本然的狀態，「無爲」是就主體行爲而言，（註三）但兩者實相關聯：「聖人欲不欲，不貴難得之貨，學不學，覆衆人之所過，以輔萬物之自然而不敢爲」（六十四章）。《老子》中「無爲」多就「聖人」（二章、三章、六十四章）一方而言，是則針對執秉權力而言，由此進而發展到所謂「君人南面之術」（《漢書・藝文志》），成爲統治要求（參張舜徽《周秦道論發微》之《道論通說》及《道論足徵記》）。《老子》中如「自然」等兼具哲學和政治涵義的還有「靜」，如說萬物將「復歸其根，歸根曰靜」（十六章），又說「不欲以靜，天下將自定」（三十七章），「清靜爲天下正」（四十五章），「我好靜而民自正」（五十七章）。由此可以理會「清」、「靜」、「虛」（十六章「致虛極，守靜篤」）等作爲政治術語在後代流衍的源始。

《莊子》就其作爲一流別的學術匯集，誠然亦有哲學的和現實的兩方面，而其間溝通卻不是如《老子》之立足於對天地萬物規律的把握，而是立足於人的主體方面，注重人的認識和生活態度。

如前所論，以《莊子・天下》的觀點來觀照《莊子》思想的主流當是《齊物論》、《逍遙遊》一支。莊子以天地宇宙的廣大無垠，而人世萬端不過各據一隅，有感於小大之辨，以擴展的視野反觀人事人知，不過各偏執於一己是非而已。況且世間遷變無常，「若驟若馳，無動而不變，無時而不移」（《秋水》），莫可究詰，極而言之，大約也只是「吹萬不同，而使其自已，咸其自取，怒者其誰邪？」（《齊物論》）此爲反問，實無回答之意，若強爲之，則「自然」而已。莊子比老子遠爲強烈地把「自然」作爲宇宙的根本狀態，「道」對於莊子更明顯的是一設定而非本體。在此基礎之上，莊子所關注的首先是人的主體處境，即他以人爲其歸依。莊子的思辨是爲了破執，至於「不譴是非」。莊子的人生指向是順隨自然而生活，委心任遠，全生保眞。「上與造物者游，而下與外死生無終始者爲友」是其生活的境界，「獨與天地精神往來而不傲倪，於萬物，不譴是非，以與世俗處」是其對外的處置方式。這是莊學的主體，其餘種種只是獲取「泯是非」之認識與「逍遙遊」之生活的途徑或方法。

《荀子·解蔽》評莊子「蔽於天而不知人……由天謂之道盡因矣」，說莊子「不知人」，是說他不講人世的是非曲折，不重人世的種種作爲，荀子之「人」應理會爲具體的現實的人，而莊子的中心是總體的精神的人，否則那個「因」字就沒有了著落。「因」正是講的人對於自然本性的依順。這麼理解，荀子對莊子的認識是與《天下》的描繪相一致的。荀子對諸子學術主脈之把握頗爲準確，如對宋鈃：「宋子蔽於欲而不知得」（《解蔽》），「子榮子曰：

『人之情欲寡而皆以己之情欲爲多，是過也』。故率其群徒，辨其談說，明其譬稱，將使人知情欲之寡也」（《正論》），而《莊子．天下》謂其「以禁攻寢兵爲外，以情欲寡淺爲內」，正相符合。我們對他的意見應予重視。

《莊子》對於現實政治、社會也有很強烈的批判，其言辭往往有延用、發揮《老子》的。如《胠篋》：「絕圣棄知，大盜乃止；擿玉毀珠，小盜不起；焚符破璽，而民朴鄙，掊斗折衡，而民不爭，殫殘天下之聖法，而民始可與論議」，即與《老子》「大道廢，有仁義」（十八章），「絕聖棄智，民利百倍，絕仁棄義，民復孝慈，絕巧棄利，盜賊無有」（十九章）等相關聯。但仔細分析，其間的思想路向卻有不同。老子以「道」的規則統攝天人，自然界和社會，他洞察天地間「反」即轉化循環的規律，直用以治世，在客體世界是「自然」的狀態，於人之主體則是「無爲」。而莊學在天地和社會之間，尤其突出了一個人的主體：「牛馬四足，是謂天；落馬首，穿牛鼻，是謂人。故曰：無以人滅天，無以故滅命，無以得殉名。謹守而勿失，是謂反其眞」（《秋水》）。此天人之際的取趨，莊子主張「以天合天」（《達生》）。即人生天地社會，首要當遵從其爲人之「天」，即「自然」，而不強作矯僞。違反「人」之「自然」的東西都應予以反對，不妨看司馬遷指爲「詆訿孔子之徒」的幾篇文章。《漁父》中指斥外在的「禮」未必盡眞之性，說「眞者，精誠之至也……眞在內者，神動於外，是所以貴眞也……眞者，所以受於天也，自然不可易也。故聖人法天貴眞，不拘於俗」。《盜跖》中批評黃帝以下有違「至德」，堯舜禹湯周武等「皆以利惑其眞而強反其情性，其行乃甚可羞也」。所謂「法天貴眞」即尊從自然，設計禮法，仁義一類均非探本之論，因其有違人性之自然，淆亂天下，是莊子批評的對象。老子對此也予以批評，但其落足點不同，是爲「聖人」立說的，他指責「民之饑，以其上食稅之多，是以饑，民之難治，以其上之『有爲』，是以難治」（七十五章），他建議「聖人之治，虛其心，實其腹，弱其志，強其骨，常使民無知無欲……爲『無爲』則無不治」（三章）。由老學而衍出的「道家」（漢之黃老學）其著力處也正在現實君臣的作爲，司馬談以之與儒家比較，以爲後者主勞臣逸，故不可取，正從君主一方著眼。莊子的路向則不同：「謹修其身，謹守其眞，還以物與人，則無所累矣。今不修之身而求之人，不亦外乎！」（《漁父》）可見其歸本在主體本眞的性情上，或許如老子之「爲『無爲』」在莊子也屬求諸外的歧途。上面說過，老子在司馬遷看來有隱逸修身和無爲治世的兩方面，從《老子》看來，兩者似乎並無有機聯繫，而莊子則將修身和處世以「貴眞」相溝連，大加闡揚。所以說莊學主導在乎主體的境界達到自然、眞。莊學於政治的看法是毀滅性的，並非如老學還講乘勢利導，以「天」制「人」，這也就是司馬遷所說的「其言洸洋自恣以適己，故自王公大人不能器之」（《老韓列傳》）。如果不得以爲政，莊子主張「無爲」，但仍不忘修身保性，「君子不得已而臨蒞天下，莫若無爲，無爲也而後安其性命之情」（《在宥》）。《應帝王》中借無根和無名人的對話，莊子表示了對「爲天下」的興趣淡漠，即從政亦當「游心於治，合氣於漠，順物自然而無寡私焉，而天下治矣」，在位者修身與治世同一：「聖人之治也，治外乎？正而後行，確乎能其事者而已矣」。

老莊學術中哲思與世務之間連通的中介，一爲通徹天人的規律，一爲「自然」的人性，因而其後的引伸方向也就異趨。

三、老莊流別述

老學以因順自然，講無爲的政治，著眼於「反」之「道」，力主清靜，期望「柔弱勝剛強」在後代那裡爲人引伸，成爲統治之綱要。齊之稷下，學者雲集。愼子主「因循」，「因也者，因人之情也。人莫不自爲也，化而使之爲我，則莫可得而用矣」（《愼子・因循》），這是爲人君立說的，即「各著書言治亂之事以干世主」（《史記・孟荀列傳》）。司馬遷指出愼到、田駢、接子、環淵諸人「皆學黃老道德之術」，與他評申子、韓非的學術淵源相同。其實他們都是綜合道法的人物。荀子評愼到等：「尙法而無法」（《非十二子》），又講「愼子蔽於法而不知賢，申子蔽於勢而不知和」（《解蔽》，末字原作「知」，從梁啓超說改，見梁啓雄《荀子柬釋》）。愼子也講「勢」，「賢人而詘於不肖者，則權輕位卑也；不肖而能服於賢者，則權重位尊也」（《韓非子·難勢》引），韓非承其言曰：「夫有材而無勢，雖賢不能制不肖，故立尺材於高山之上，下臨千仞之溪，材非長也，位高也……故短之臨高也以位，不肖之制賢也以勢」（《功名》）。「勢」爲君主立論：「萬乘之主，千乘之君，所以制天下而制諸侯，以其威勢也。威勢者，人主之筋力也」（《人主》），「勢者，勝衆之資也」（《八經》）。有「勢」爲基礎，則「術」、「法」當兼攝：「申不害言術，而公孫鞅爲法。術者，因任而授官，循名而責實，操殺生之柄，課群臣之能者也。此人主之所執也。法者，憲令著於官府，刑罰必於民心，賞存乎愼法，而罰加乎奸令者也。此臣之所師也。君無術則弊於上，臣無法則亂乎下。此不可一無，皆帝王之具也」（《韓非子·定法》）。「術」對治臣下而言，「藏之胸中以偶衆端，而潛御群臣者也」（《難三》），其關係極重大：「治亂在乎賢使任職」（《愼子·知忠》）。而「法者，編著之圖籍，設之於官府，而布之於百姓者也」（《難三》），公而無私，「君臣上下貴賤皆從法，此謂之大治」（《管子·任法》）。各家論「法」、「術」、「勢」之要及互補，而其要歸本於老學之「無爲」。老學成爲諸現實統治術的總要，所謂「事督於法，法出乎權，權出乎道」（《管子·心術上》）。由「法」言之，「大君任法而弗躬，則事斷於法矣。法之所加，各以其分」（《愼子·君人》），謂以法調節，則君主可清靜無爲；由「術」言之，「古之王者，其所爲少，其所因多。因者，君術也，爲者，臣道也。爲則擾矣，因則靜矣……君道無知無爲，而賢於有知有爲，則得之矣」（《呂氏春秋．任數》）。總之，任用法術，則君臣異勞，「君臣之道，臣事事而君無事，君逸樂而臣任勞，臣盡智力以善其事而君無與焉，仰成而已」（《愼子．民雜》），「是以聖人之治也，靜身以待之，物至而名之。正名自治，奇名自廢，名正法備，則聖人無事」（《管子．白心》）。韓非也說：「物者有所宜，材者有所施，各處其宜，故上下無爲。使雞司夜，令貍執鼠，皆用其能，上乃無事」（《揚權》）。此類皆歸本於老子「無爲」。但老子是由「無爲」達到治世之目標，即「爲『無爲』則無不治」（三章），而上述諸說則由「法」、「術」諸「有爲」達到「無爲」之安治。老子之「無爲」是主體的行爲，與無爲安定的目標相契合，其依據是自然人事運作的規律，而兼攝道法言者希由因循現實中法、術之類獲取無爲之結果，達到治世目標。兩者結果的「無爲」與「因循」之操作原則一脈而成，而其所因循之對象，即所操作之內涵實不同，後者是以「有爲」補充改造了老子所謂「爲『無爲』」。韓非等實是有意引發老學以就己的。其《解老》，《喻老》可知其與老學嘗用心鈷治。他以「道」、「術」相混：「所謂『有國之母』，母者，道也。道也者，生於所以有國之術，所以有國之術，故謂之有國之母。夫道以與世周旋者，其建生也長，持祿也久」（

《解老》)。他還就老子「治大國若烹小鮮」(六十章)而提出對自己主張的法治的謹愼態度,算是一種折衷:「治大國而數變法則民苦之,是以有道之君貴靜,不重變法」(同上)。《主道》論:「道者,萬物之始,是非之紀也。是以明君守始以知萬物之源,治紀以知善敗之端,故虛靜以待令,令名自命也,令事自定也」,亦是以統治術發揚老子「不欲以靜,天下將自定」(三十七章)的觀點。此類兼道、法之意的思想即是所謂黃老之言。

今《莊子》中有兩節文字,與此類思想甚接近:「何謂道?有天道,有人道。無爲而尊者,天道也;有爲而累者,人道也。主者,天道也;臣者,人道也」(《在宥》):「上無爲也,下亦無爲也,是下與上同德,下與上同德則不臣;下有爲也,上亦有爲也,是上與下同道,上與下同道則不主。上必無爲而用天下,下必有爲爲天下用,此不易之道也……本在於上,末在於下,要在於主,詳在於臣」(《天道》)。有爲無爲臣下君上人道天道剖判如此明晰(註四),且結合上下文,《在宥》此段前講「觀於天」、「成於德」、「出於道」、「會於仁」、「薄於義」、「應於禮」、「接於事」、「齊於法」、「恃於民」、「因於物」等顯是各家雜列,而《天道》此段後也道德、仁義、分守、刑名、因任、是非等並陳,可知非其學術之主流作品。王夫之《莊子解》以爲「有與莊子之旨迥不相侔者,蓋秦漢間學黃老之術以干人主者之所作也」,是較爲適宜的估計。

秦漢之際，黃老之學盛行，此人所共知之事實。黃帝原莫許有人物，諸子中莊子屢及之，今本《莊子》內、外、雜篇皆可見，但形象差異頗大。至於《盜跖》中痛斥「黃帝不能致德，與蚩尤戰於涿鹿之野、流血百里，其後堯舜更以強凌弱，以衆暴寡，是爲「大亂之本」，「其末存乎千世之後，千世之後，其必有人與人相食者也」（《庚桑楚》），顯然黃帝並非可尊法的先王。其後秦漢依託黃帝之言者甚多，《漢書・藝文志》之諸子、兵書、數術、方技各略皆有簿錄。其中有指明是混雜老學的，「《黃帝君臣》十篇，起六國時，與老子相似也」（《諸子略・道》）。今所見書《呂氏春秋》引述黃帝語爲多，「嘗得學黃帝之所以誨顓頊矣。爰有大圜在上，大矩在下，汝能法之，爲民父母」（《序意》），此即所謂「圜道」，「天道圜，地道方。聖人法之，所以立上下。何以說天道之圜也？精氣一上一下，圜道周復無雜，故曰天道圜。何以說地道之方也？萬物殊類殊形，皆有分職，不能相爲，故曰地道方。主執圜，臣處方。方圜不易，其國乃昌」（《圜道》），所論即君臣上下的政治原則，與稷下以來之主張一脈相承。武帝獨尊儒術以前，儒、道、法、陰陽、縱橫各有勢力，而現實中之主要衝突在前三家，即司馬遷所概括：「曹參荐蓋公言黃老，而賈生、晁錯明申商，公孫弘以儒顯」（《太史公自序》）。再加分析，黃老兼刑名法術，因而根本矛盾遂集中於儒、道兩家。司馬遷歸納爲「世之學老子者則絀儒學，儒學亦絀老子，『道不同不相爲謀』，豈謂是邪？」（《老韓列傳》）。此皆衆所習知之社會，思想史實，無待詳說，値得指出的是，漢初實行黃老政治的重要人物曹參在齊開始其實踐：「參盡召長老諸生，問所以安集百姓。如齊故諸儒以百數，言人人殊，參未知所定。聞膠西有蓋公，善治黃老言，使人厚幣請之。既見蓋公，蓋公爲言治道貴清靜而民自定，推此類具言之。參於是避正堂，舍蓋公焉。其治要用黃老術，故相齊九年，齊國安集，大稱賢相」（《史記・曹相國世家》）。此蓋公所師從之樂臣公，爲樂毅後代族人，當秦滅趙之際，奔亡齊之高密，「樂臣善修黃帝、老子之言，顯聞於齊，稱賢師」（《樂毅列傳》）。可見樂臣公、蓋公皆受學、講習黃老之術於齊，而曹參亦首先於齊地實踐之。結合前述稷下學人綜合法術的嘗試，可知老學之衍爲治術實有淵源。蓋公所言「治道貴清靜而民自定」的宗旨來看，正是老子講「不欲以靜，天下將自定」（三十七章）、愼子講「因循」，韓非講「虛靜以待……令事自定」（《主道》），《呂氏春秋》講「因則靜矣」（《任數》）等的意思。

以此爲背景，反觀司馬談所論之道家：「無爲又曰無不爲……其術以虛無爲本，以因循爲用」，此其學術之總要，爲老學之發揮。「無成勢、無常形，故能究萬物之情。不爲物先，不爲物後，故能爲萬物主。有法無法，因時爲業，有度無度，因物於合。故曰聖人不朽，時變是守。虛者道之常也，因者君之綱也。群臣並至，使各自明也」，此說明執虛、因循之辭，末特標明君臣之職守有異，群臣當明於職守，而「因者君術也」，兼含法、術觀念。因爲「尊主卑臣明分職不得相踰越」（《太史公自序》），在司馬談看來是法家確切不可移之處。「其實中其聲者謂之端，實不中其聲者謂之窾。窾言不聽，奸乃不生，賢不肖自分，白黑乃形，在所欲用耳，何事不成」，此謂控名責實，屬刑名之學。講統治之法，名實不可廢「術者，因任而授官，循名而責實」（《韓非子．定法》），「用一之道，以名爲首，名正物定，名倚物徙」（《韓非子．揚權》）。一旦「名實當則治」（《管子．入國》），「名正法備，則聖人無事」（《管子．白心》），因而司馬談回應首端論及的「無爲」：「乃合大道，混混冥冥。光耀天下，復返無名。」再後述神形勞竭，不能治天下，實是對儒學的批評，從政治實踐上說是重申慎子、韓非等主逸臣勞的原則，從學理上講則體現道家養神貴生的傾向。「形神離則死」一句遵從著老子「營魄抱一」（十章）的觀念。

司馬談所劃屬的道家是以老學思想爲根本而引發的兼攝名、法的黃老學術，至少它絕不以莊學爲其思想主脈。後來班固《漢書》據劉向、歆書成《藝文志》論道家曰：

> 道家者流，蓋出於史官（註五），歷記成敗存亡禍福古今之道，然後知秉要執本，清虛以自守，卑弱以自持，此君人南面之術也。

顯然更明確了漢人所謂道家之學爲老子以後發展起來的黃老之術。

在這個老學傳統的道家之外，莊學在當時的傳承遠沒有那麼顯赫，不妨從具體材料來考慮莊學在那時的形象。《莊子》中記錄莊子與惠子的爭執甚多，其中以關於「情」者較關莊學的中心：

惠子謂莊子曰：「人故無情乎？」莊子曰：「然。」惠子曰：「人而無情，何以謂之人？」莊子曰：「道與之貌，天與之形，惡得不謂之人？」惠子曰：「既謂之人，惡得無情？」莊子曰：「是非吾所謂情也。吾所謂無情者，言人之不以好惡內傷其身，常因自然而不益生也。」（《德充符》）

莊子之意，以爲「得者時也，失者順也，安時而處順，哀樂不能入也」（《大宗師》），即人應以理化情，依乎自然，並非說人全然無哀樂喜怒，如惠子所理解的，而是不以情「內傷其身」，至不得自解倒懸，即王弼所言：「聖人之情，應物而無累於物者也」（何劭《王弼傳》）。此討論的是人的情性問題，主張以「自然」爲指導，是荀子所謂「天」、「人」之別的爭議。

《呂氏春秋》向來以爲雜家，其中引錄《莊子》者甚多，但語境有別，情況殊異，大抵如前所述之《淮南子》，實際並不能傳莊學之要，不過借以詮說自己的想法。我們今日所見西漢涉獵莊學者如賈誼、枚乘、劉安、司馬相如、東方朔、劉向、嚴遵、揚雄、班嗣諸人（

註六），其主流實是以莊學人生側面爲關注點。如賈誼《鵩鳥賦》據其序是「謫居長沙……自悼傷，以爲壽不得長，乃爲賦以自廣」，其中多化用《莊子》語，謂「天地爲爐」，「萬物變化」，「化爲異物兮，又何足患，小智自私兮，賤彼貴我，達人大觀兮，物無不可」，「眞人恬漠兮，獨與道息」，歸結以「其生兮若浮，其死兮若休」，確乎是自解之辭。劉安《莊子略要》今佚，李善《文選》注有引，如「江海之士，山谷之人，輕天下，細萬物，而獨往者也」之類，仍是《莊子，天下》等描寫的形象。東方朔《誡子》：「聖人之道，一龍一蛇，形見神藏，與物變化，隨時之宜，無有常家」，脫胎自《莊子・山木》，豈非「獨與天地精神往來而不傲倪，於萬物，不譴是非，以與世俗處」（《天下》）？揚雄《法言・問道》稱有取於莊子之「少欲」，而非難他「罔君臣之義，衍無知於天地之間」，並將莊子、楊朱並舉，以爲「莊楊蕩而不法」（《法言・五百》），從反面不也證明了他對莊子專注於人性方面的把握？但這裡有一點應予注意，即漢武獨尊儒術之後，黃老刑名百家被黜，老學因而也不再被視爲治世之學，從儒學角度的批判嚴厲起來，如揚雄就講「搥提仁義，絕滅禮學，吾無取焉耳」（《法言・問道》），決然與其少時從遊之嚴遵相違，而「君平卜筮於成都市……得百錢足自養，則閉肆下簾而授《老子》博覽無不通，依老子嚴周之旨，著書十餘萬言」（《漢書・王吉傳》），也恬然不予世務了。正是在此背景下，老莊似又匯合，成爲修生養性，棄世自適的一流，而與儒學對抗。此時的儒道之別，已非漢初之道儒之別。這一點，班嗣言詞中呈現得最爲清楚：

嗣雖修儒學，然貴老嚴之術。桓生欲借其書，嗣報曰：「若夫嚴子者，絕聖棄智，修生保眞，清虛澹泊，歸之自然，獨師友造化，而不爲世俗所役者也。漁釣於一壑，則萬物不奸其志；棲遲於一丘，則天下不易其樂。不絓聖人之罔，不嗅驕君之餌，蕩然肆志，談者不得而名焉，故可貴也。今吾子已貫仁誼之羈絆，係名聲之繮鎖，伏周孔之軌躅，馳顏、閔之極摰，既繫攣於世教矣，何用大道爲自眩曜？昔有學步於邯鄲者，曾未得其彷彿，又復失其故步，遂匍匐而歸耳！恐似此類，故不進」。嗣之行己持論如此。（《漢書．敘傳》）

班嗣修習儒學，兼明老莊之術，雖似以老莊合並與周孔世教對峙，但報桓譚書中實申述莊學要旨，最是分明。

莊老合流，後人所重者在老子之「隱逸無名」和莊子之全身保生，自然無拘的結合上。看後世老莊並舉數例。《後漢書．馬融傳》記其言：「古人有言：『左手據天下之圖，右手刎其喉，愚夫不爲』，所以然者，生貴於天下也。今以曲俗咫尺之羞，滅無貲之軀，殆非老、莊所謂也」；嵇康《與山巨源絕交書》：「又讀莊、老，重增其放」；《幽憤詩》：「托好老莊，賤物貴身」；嵇喜《嵇康傳》，「長而好老莊之業，恬靜無欲」（《三國志・王粲傳》裴注引）等。然而老、莊之間未必沒有分別，即就脫身世務的恬退者言，如周勰：「常隱處竄身，慕老聃清靜，杜絕人事，巷生荊棘，十有餘歲」（《後漢書・周勰傳》）；而向栩：「少爲書生，性卓詭不倫，恒讀《老子》，狀如學道，又似狂生。好被髮，著絳綃頭。常於灶北坐板床上，乃有膝踝足指之處。不好語言，而喜長嘯。賓客從就，輒伏而不視……或騎驢入市，乞句於人。或悉邀諸乞兒，俱歸止宿，爲設酒食」（《後漢書・向栩傳》）。或許前者依老後者近莊。嵇康《卜疑》：「寧如老聃之清淨微妙，守玄抱一乎？將如莊周之齊物變化，洞達而放逸乎？」正道出其間的分野。就學理而言，魏晉之際，正始玄士如何晏、王弼專究《論語》、《易》、《老》（註七），而竹林名士則尤傾心於《莊》，其時玄學思潮之展開，以所專研之典籍論，實呈由《易》而《老》而《莊》之趨向（註八），殊可從中探索其間老、莊之同異始末。而漢末刑名法術之學重興，所謂「魏之初霸，術兼名法」（《文心雕龍・論說》），「魏武好法術而天下貴刑名」（《晉書・傅玄傳》），「學者師商韓而上法術，竟以儒家爲迂闊，不周世用」（《三國志・杜恕傳》）。這一潮流在實際政治意義之外，其辨名析理與玄學頗有關係。尤如漢初道、法、儒思想的互爲激蕩，漢魏之際的諸家學術與前代首尾相應，可堪玩味。

【附註】

註一 學派稱「家」，或出《荀子・解蔽》：「昔賓萌之蔽者，亂家也」，以下數墨子至莊子六人。

註二 「道家」之名，《史記》中多見，《陳丞相世家》記陳平言：「我多陰謀，是道家之所禁」，《齊悼惠王世家》記召平言：「嗟乎！道家之言『當斷不斷，反受其亂』」。時皆在漢初。

註三 今本《老子》三十七章：「道常無爲而無不爲」，但帛書甲、乙本俱作「道恒無名」。

註四 參較《荀子・王霸》：「明主好要而闇主好詳。主好要則萬事詳，主好詳則百事荒」，《淮南子・主術》：「是故君臣異道則治，同道則亂」。

註五 老子爲「周守藏室之史也」（《史記・老韓列傳》）。

註六 參饒宗頤《戰國西漢的莊學》所列舉，文載《選堂集林・史林》。

註七 何晏有《論語集解》，又曾注《老子》後轉以成「道」、「德」二論（《世說新語・文學》）；王弼有《論語釋疑》、《老子注》、《老子指略》、《周易注》、《周易略例》、《周易大演論》。

註八 參拙文《阮籍與漢魏思潮述略》，《中國文學研究》一九九二、一

附錄二：阮籍與漢魏思潮述略

陳引馳

《世說新語・德行》劉注引李秉《家誡》記司馬昭言：「天下之至愼者，其唯阮嗣宗乎？每與之言，言及玄遠，而未嘗評論時事，臧否人物，可謂至愼乎！」《世說新語・簡傲》劉注引《晉百官名》：「嵇喜字公穆，歷揚州刺史，康兄也，阮籍遭喪，往弔之。籍能爲青白眼，見凡俗之士以白眼對之，及喜往，籍不哭，見其白眼。喜不懌而退。」《晉書》據以寫入本傳，案《名義考》卷六：「人平視睛圓則青，上視睛藏則白。上視，怒目而視也。」宋陳郁《藏一話腴》一語言破：「口不臧否，然待人以青白眼，豈不意於人物哉！」至於不評論時事，證以《晉書・阮籍傳》：「鍾會數以時事問之，欲因其可否而致之罪，皆以酣醉獲免」，可知確鑿不虛，且出於有意，其意義，陳寅恪先生《陶淵明之思想與清談之關係》指明：「不獨用此免殺身之禍，並且將東漢末年黨錮諸名士具體指斥政治表示天下是非之言論，一變而爲完全抽象玄理之研究，遂開兩晉以降清談之風派。」本文試循陳先生之提示，對於阮嗣宗在漢魏思想流變中之地位略述之，以明時賢未彰之一側面。

一、清議到清談中的阮嗣宗

陳寅恪先生有一判斷，「世之所謂清談，實始於郭林宗而成於阮嗣宗也」（《陶淵明之思想與清談之關係》）。「清談」、「清議」，原可互用（唐長孺《清談與清議》）。漢之清議力量甚大，「鄉舉里選，必先考其生平，一玷清議，終身不齒。君子有懷刑之懼，小人存恥格之風」（顧炎武《日知錄》卷十三），於是人人以求取令譽爲務：「荐舉徵辟，必採名譽，故凡可以得名者，必全力赴之，好爲苟難，遂成風俗」（趙翼《二十二史札記》卷五「東漢尚名節」條）。可知當時清議於個人有安身立命的意義，於國家則涉及人才選拔，政治組織的問題。考查史跡，當時政論昌盛，與人倫清議互爲呼應，釀成社會風潮，實具有共同的背景。政論之興，蓋由於儒學之衰，一如西漢諸子斂聲由於獨尊儒術。《春秋》決獄，學以致用，「學也，祿在其中矣」（《論語．衛靈公》）、儒學一時稱盛，泛濫之下，「經傳既已乖離，博學者又不思多聞闕疑之義，而務碎葉逃難，便辭巧說，破壞形體，說五字之文，至於二三萬言。後進彌以馳逐，故幼童而守一藝，白首而後能言，安其所習，毀所不見，終以自蔽」（《漢書．藝文志》）。其結果便是「以博涉爲貴，不肯專儒」（《顏氏家訓．

勉學》）的反動。由專守一經，祖述師說轉向博通則必棄章句。（註一）如王充，《後漢書》本傳：「好博覽而不守章句……遂博通衆流百家之言」；班固「博貫載籍，九流百家之言，無所不究，所學無常師，不爲章句，舉大義而已」（《後漢書》本傳）；馬融「少而好問，學無常師」（《世說新語・文學》劉注引《自敘》）；到了鄭玄，「括囊大典，網羅衆家，刪裁繁誣，刊約漏失」（《後漢書・鄭玄傳》），摧折經學家法殆盡，致有「鄭學雖盛，而漢學終衰」之嘆（皮錫瑞《經學歷史・經學中衰時代》）。學術史之進程如是，與當時非議朝政、指斥天下風潮正相合拍。本初元年梁太后詔下後，士子游學結交大盛，更兼以政治秩序中各勢力之矛盾衝突，遂釀成太學生不滿朝綱之運動。在「激揚名聲，互相題拂」之後，自然是「品核公卿、裁量執政」（《後漢書・黨錮傳序》）。袁宏《後漢紀》卷二十二：「是時太學生三萬餘人，皆推先陳蕃、李膺，被服其行，由是學生同聲，競爲高論，上議執政，下譏御士，范滂岑晊之徒，仰其風而扇之。」陳、李既受天下標榜，一爲三君之冠，一爲八俊之首。所謂「不畏強御陳仲舉，天下楷模李元禮」又品鑑人物，拔取士人；郭泰「遊於洛陽，始見河南尹李膺，膺大奇之，遂相友善，於是名震京師」（《後漢書・郭泰傳》）。

作爲清流領袖，名士談宗的郭林宗與許劭兄弟之汝南月旦評一樣承繼了前代傳統，「有人倫鑑識，題品海內之士，或在幼童，或在里肆，後皆成英彥，六十餘人」（《世說新語・

政事》劉注引《泰別傳》）。由里肆而爲英彥，知林宗之品鑑有實際之政治作用，參以許劭評曹操：「清平之奸賊，亂世之英雄」（《後漢書．許劭傳》）的故事，益可明了他們的評議有政治內涵。「魏初清談，上接漢代之清議，其性質相差不遠」（湯用彤《讀人物志》），如正始中執權之何晏曾任選舉之職，「內外衆職，各得其才」（《晉書．傅玄傳》）。但清議品第原亦具有關於人物品性、風度的內容，如「李元禮嘆荀淑、鍾皓曰：『荀君清識難尙，鍾君至德可師』。」（《世說新語．德行》）又「林宗曰：叔度汪汪如萬頃之陂，澄之不清，擾之不濁，其器深廣，難測量也」（同前）。這兩種傾向在郭泰那裡具有了兩面性之典型意義，既承繼前代風習，又啓發後來之清談。清議之風自此趨向玄虛。

當時政治風潮動蕩，士人身處其間的危險，並非世無知曉者，袁宏《後漢紀》卷二十二：「申屠蟠嘗遊太學，退而告人曰：『昔戰國之世，處士橫議，列國之王，爭爲擁帝先驅，卒有坑儒之禍，今之謂也』。乃絕跡於梁碭之間。」郭泰就在建寧二年（二次黨錮之年）答勸其出仕者道：「吾夜觀乾象，晝察人事，天之所廢，不可支也……獨恐滄海橫流，吾其魚也。吾將岩棲歸神，咀嚼元氣，以修伯陽彭祖之術，爲悠哉游哉，聊以卒歲者」（同上卷二十三）。可見林宗於天下大勢自有觀測，處事愼謹，因而免禍。《後漢書》本傳指明：「林宗雖善人倫，而不危言核論，故宦宦擅政而不能傷也。及黨事起，知名之士多被其害，唯林宗及汝南袁宏得免焉。」查袁宏，「當延熹末，黨事將作，宏遂散發絕世，欲投跡深林，以母老不宜遠遁，及築土室，四周於庭，不爲戶，自牖納飲食而已」（《後漢書》本傳）。他們都對風雨飄搖之時有所預感，遂執遠禍態度而不舉。郭泰於清議言談中趨於玄虛，當是迫於時勢出於自覺地疏離於實際政治。葛洪曰：「林宗周旋清談閭閻，無救於世道之陵遲」（《抱朴子·正郭》），正就其清議言談無補於實際政治之結果立論。由此直達阮籍之行跡。阮籍於當時曹爽、司馬懿之間的衝突，亦早有預感：「曹爽輔政，召爲參軍，籍固以疾辭，屏於田里，歲餘而爽誅，時人服其遠識」（《晉書》本傳）。高平陵之變後，阮籍應辟，雖放佚不羈，也敢予禮法之士以白眼，卻始終不干預實際政事，做步兵校尉是爲飲酒，爲東平相則拆毀府舍的壁障，使內外相望。《魏氏春秋》的話可算知言：「籍以世多故，祿仕而已」（《三國志·魏志·王粲傳》裴注引）。這不僅比較何晏、夏侯玄等正始間秉執朝柄者的行爲大異，且與名士出仕者評議鑑人的行動也不同。山濤舉荐嵇康而引來《與山巨源絕交書》的故事人所熟知，他還「曾舉阮咸爲吏部郎」（《世說新語·賞譽》）；鍾會力主殺嵇康，「帝既昵聽信會，遂並（與呂安一起）害之」（《晉書·嵇康傳》），他還推荐吏部郎，以爲「裴楷清通，王戎簡要，皆其選也」（《世說新語·賞譽》）。考察史籍，可知阮氏宗族中也頗有人倫鑑識之風，《世說》劉注引《陳留志》：「族子籍，年總角，未知名，武見而偉之，以爲勝己，知人多此類。」又《世說新語·賞譽》，「王戎目阮文業：清倫有鑑識，漢元以來未有此人」。在這樣的背景下來看阮籍的言語謹愼，尤顯突出，這一點不僅司馬昭作爲統治者有體會，且是士林公論，嵇康就說：「阮嗣宗口不論人過，然發言玄遠，口不臧否人物」（《與山巨源絕交書》）。這一突出的表現只有從他對現實政治的感受和態度才能得到解釋。阮籍始終對時政持疏離的自覺態度，不置可否以遠禍，即與嵇康之「危言核論」不同，而繼承了郭泰行世處事的方式。他在政治上最大的舉措即代鄭沖等勸進撰箋，時在景元四年十月，正當嵇康被殺前後，阮以酒醉拒之，終不可免，如堅不屬辭，後果殊難逆料，心境之苦楚不堪言表，酒徒形象不過是其象徵，酒對他全無解脫安慰可言：「臨觴多哀楚，思我故時人，對酒不能言，凄愴懷醉卒。」此事後不久，阮籍便去世了，「終身履薄冰，誰知我心焦」蓋實錄也。

以此觀之，阮嗣宗「未嘗評論時事，臧否人物」而趨於「言皆玄遠」之談，誠出於不得已，迫於時政而出於自覺。請再比較其他談玄者的討論，益可明了。當時除衍自具體人物品評的抽象原則如「才性四本」之類辨難外，往往有關於後代清談玄理者，其中最集中的當是何晏，據說他曾與人論《易》、《老》、《莊》《三國志》裴注引《管輅別傳》裴徽語，「晏能清言，而當時權勢、天下談士多宗尚之」（《世說新語·文學》劉注引《文章敘錄》）。

溯其源始，由政治爭議至於經學爭論更進於玄談，甚爲久長，廷爭如秦始皇時淳於越、周青臣之爭、經學如東漢白虎觀會議五經都是。比較鄭玄在袁紹那裡「依方辯對，咸出問表，皆得所未聞，莫不嗟服」（《三國志》裴注引《玄別傳》），而「王弼作難，一坐人便以爲屈，於是弼自爲客主數番，皆一坐所不及」（《世說新語・文學》），其間轉承，灼然可見。兩相對校，阮嗣宗之趨於清玄之談與何晏，王弼等由經學辯難進至《易》、《老》諸玄論而來者殆出殊途。論者每好以學術進展之自身要求論清議至清談之轉變，此固有理，然猶有未盡，阮籍之走向於其時社會思潮之走向更具象徵性。湯用彤《讀人物志》以爲此轉變「乃學問演進之必須趨勢」「亦時勢所造也」，最爲折衷近實。

二、阮籍與莊學復興

前節既已述阮嗣宗之言談玄遠而不落實際，其內容究竟則諸書無載，參稽阮氏著作，始可知其中亦包含中古思想史一大轉折，與清議至清談之轉變適相契合。今阮集中有一事實，不可不加注意：《通易論》、《通老論》、《達莊論》恰爲南朝所謂「三玄」並論之先驅。（註二）湯用彤《讀人物志》：「依史觀之，有正始名士（老學較盛）、元康名士（莊學較盛）、東晉名士（佛學較盛）之別」，阮氏《達莊論》、《大人先生傳》闡莊生之說，爲後代學風啓其端始，謂之莊學發揚之先導，殆非虛談。更請論其源流，以明阮氏在思想史中之意義。

先請述「老」、「莊」之並稱。老、莊之學，原非一體，後人以爲兩者並名始於漢魏之際，如洪亮吉說：「漢末祖尙玄虛，於是始變『黃老』而稱『老莊』。」（《東塾讀書記》卷十二引），其實考諸載籍，漢代「老莊」並舉已非鮮見。（註三）漢魏之際，「莊老」並重，但所謂何晏、王弼等祖述「老莊」云云（《晉書・王衍傳》）實不可信。今考何晏有《論語集解》，另《道》《德》二論，後二論主旨論老子，參《世說新語・文學》記何晏棄《老子注》轉以所注爲《道》《德》二論以讓王弼可知。《三國志》裴注引《管輅別傳》記裴徽之言：「吾數與平叔共說老、莊及易」，知何晏亦從事於「三玄」，但管輅以爲何論《易》「參差老莊而參爻象，愛微辭而興浮藻」裴徽也認爲何說「辭妙於理」，參以時人論王弼「論道傳會文辭不如何晏」（《魏志鍾會傳》裴注引何劭《王弼傳》）、「弼論道約、美不如晏」（《世說新語・文學》劉注引《魏氏春秋》），可信何晏之學；浮華而不深入。至於王弼，論者常用《世說新語・文學》中「聖人體無，無又不可以訓，故言必及有；老莊未免於有，恒訓其所不足」論其思想，其中有「老莊」並舉一辭，但察其上文，裴徽但問「老子」如何，王弼答以「老莊」未免節外生枝，考《魏志・鍾會傳》裴注引《王弼傳》作：「聖人體無，無又不可以訓，故不說也。老子是有者也，故恒言無所不足」。《世說新語》殆本之何劭此傳，當從後者。又《世說新語．文學》劉注引《弼別傳》：「少而察惠，十餘歲，便好莊老，通辨能言」，此亦「莊老」並稱。劉孝標注於原書每有刪減改易，其例甚多，按裴注引曰：「弼幼而察慧，年十餘，好老氏，通辨能言」，當從裴注所引。弼書今見《周易注》、《周易略例》、《周易大演論》均爲《易》學書，《老子注》《老子指略》爲「老」學書，參《魏志．鍾會傳》：「弼好論儒道，辭才逸辯，注《易》及《老子》。」《魏志．荀傳》裴注引《荀氏家傳》稱荀融「與弼、會論易、老義，傳於世」，恰相契合，可知弼未嘗專習莊子。（註四）何晏，王弼於莊子，遠不足推動一時學風，而後人既混言老、莊，稱其肇始亦含混推及正始，不復細察諸人，如《文心雕龍．論說》：「迄至正始，務欲守文，何晏之徒，始盛玄論。於時聃周當路，與尼父爭塗矣」，其後乃有《晉書．王衍傳》之誤。

分辯正始莊老，非無謂事，欲指明爲何王之流所不逮的竹林之貢獻。竹林名士，阮籍而外，嵇康亦屢稱「莊老」，如《與山巨源絕交書》：「老子、莊周，吾之師也」、「又讀莊老，重增其放」；《幽憤詩》：「托好老莊，賤物貴身。」他於《莊子》亦有評議，如陸德明《經典釋文．莊子》「逍遙遊」篇首「北溟有魚」句即引嵇康云：「取其溟溟無涯也」。向秀注《莊》極爲有名，致「大暢玄風」（《世說新語．文學》），呂安贊曰：「莊周不死矣」（劉注引《秀別傳》）。阮籍等之發揚莊學與王弼等精研老子，實有老、莊本旨之不同的內在根據，請略加疏釋，因之可了解阮籍之發揚莊學於玄學，及中古思想之歷史意義。

老、莊後代並歸於道家，而《莊子・天下》明分為兩派，其間差異甚明（註五）。迄於漢代，諸子學說混合、變質，黃老學興為一時主潮，莊周則流衍於一隅。蒙文通《楊朱學考》謂黃老之道、莊周之談非其主流，甚諦。司馬談論六家要旨，始有「道家」名目，牽合老莊，司馬遷承其父志，明確指出莊子「其學無所不窺，然其要本歸於老子之言」（《史記・老莊申韓列傳》）。漢初黃老並舉，為君主治國之術，於是所謂「道家」之名目下，莊學眞精神遂曖昧不清。《漢書藝文志》論道家：「蓋出於史官，歷記成敗存亡禍福古今之道，然後知秉要執本，清虛以自守，卑弱以自持，此君人南面之術也」，顯然是申述老子而無關涉於莊周。武帝獨尊儒術，黃老術沉淪下流，於是轉與莊子之處世有混同之趨勢。《後漢書・耿弇傳》李賢注引嵇康《高士傳》：「安丘望之字仲都，京兆長陵人，少持《老子經》，恬淨不求進宦，號曰安丘丈人。成帝欲見之，辭不肯見。為巫醫於人間」。可知老學與巫醫相合，修養身命與莊子趨同。東漢隱逸多依據老莊，雖謂旨同，亦可別異。如遵老子之義隱者，《後漢書・周勰傳》：「常隱處竄身慕老聃清靜，杜絕人事，巷生荊棘，十有餘歲」；有雖稱老氏而行同莊生放達者如向栩：「恒讀《老子》，狀如學道，又似狂生」，常披頭散髮，喜長嘯，偶或還要騎驢乞食（《後漢書・向栩傳》）。由莊或由老之舉止行為實有不同，證以

嵇康《卜疑》可知：「寧如老聃之清淨微妙，守玄抱一乎？將如莊周之齊物變化，洞達而放逸乎？」明乎老、莊之同異衍化，然後可知阮嗣宗之啓導莊學與王輔嗣之開拓老學，實爲當時思想界並立之殊途。徐復觀謂「莊子主要的思想，將老子客觀的道，內在化而爲人生的境界」（《中國人性論史・莊子的心》），此言就哲學意義大致剖判老莊之分野，王弼以經學之辨析至於老學，其理論化程度甚深，有本體論之建立，恰適於老學特質，而阮籍實由政治之壓力而趨於莊學，行爲上作爲政治壓力之反應有放達違禮，嫉世憤俗的一面，而理論上則主要張揚莊學的精神境界。

阮籍並非沒有玄理上的見解，但其文章源自其父，文采華妙而少染名理，故此不彰。如其《通老論》：「道者，法自然而爲化，侯王能守之，萬物將自化。」此即申《老子》而內蘊新義者。細按阮文，「侯王之守」爲「道」，「道」即「法自然而爲化」，此即老子所謂「道法自然」，王弼注曰：「道不違自然，乃得其性。法自然者，在方而法方，在圓而法圓，於自然無所違也」，阮籍與之相同。下句謂，能守「道」，則「萬物將自化」，則通向郭象之說：「天地以萬物爲體，而萬物必以自然爲正，自然者，不爲而自然者也」（《莊子・逍遙遊》注），「造物者無主，而物各自造，物各自造而無所待焉，以天地之正也」（《莊子・齊物論》注）。但這些終究不是阮籍的主要成績，甚至嵇康在東渡後的玄學談論中還有影響；阮籍則主要在發揚莊子的精神以處世，建立亂世的生活方式，抒解苦悶上爲後人立則，如吉川幸次郎所說：「阮籍的一生顯示了一個榜樣，那就是：忠實於應循道理的人，恰恰生在道理不怎麼行得通的社會中時，應當如何生活」（《中國詩史》）。暫放開實踐上的意義，阮籍《達莊論》太抵是對莊子關於世界上認識和態度的闡揚，其《大人先生傳》則爲處世的法式，一爲向外觀照，一爲自處，於莊學實具振興之功。其尤爲可貴者，突破了當時及前此對莊子僅局於全身、養生，與「黃老之術」沒落後之老學含混爲一的狹隘理解，突出了宇宙之悠長廣大的宏闊視野，由此俯察人生。那以天地爲家，與造化爲友，變化遷易，魁然獨有的大人先生就是一個精神象徵。那段有名的「褌中虱」的認識即由小大之辨而來，點化《莊子·徐无鬼》和《論衡·本性》而成篇（註六），莊子的宇宙人生的宏大視野在阮籍這裡才得到了眞正的回應。

以上置阮籍於漢魏學術思想演變之背景中，由勾勒清談至清議的轉折，老、莊之分合及重興之異趨，論定阮嗣宗在其中的地位及其意義，冀以明其未爲時賢彰示的一個側面。

三、餘論：哲理的消散

阮籍不僅是哲人，更是一位詩人。有悲則有情，無情亦無悲，阮籍不是無情的聖人（何晏說），也不是感於物而不動心的聖人（王弼說），他徘徊在不能寐的夜晚，「憂思獨傷心」，（註七）這個月夜獨行的影子是他一生的象徵。闊大的宇宙觀下的哲學觀照與人生具體經驗中萌生的哲理思索之間的矛盾，往往是由解脫的哲學讓位於現實的情思。實在地，莊子思想在《詠懷》中並不是一種解脫之道，作爲精神漫遊者的阮籍並沒有因之獲得解救：

> 言談快憤懣，情慵發煩心。西北登不周，東南望鄧林。曠野彌九州，崇山抗高岑。一餐度萬世，千歲再浮沉。誰云玉石同，淚下不可禁。

詩人在情緒的起伏之後面對開闊的世界，胸際湧起哲人的啓悟，萬世如同一餐之短暫，千載不過浮沉之瞬間，等同大小、長短，泯絕是非曲直，還有怎樣的事物能動其心境呢？「誰云玉石同，淚下不可禁」！「玉石同」用《楚辭・九章・懷沙》：「同糅玉石兮，一概而相量」。屈原哀痛的是世人不解其心中抱負，等同玉石；阮籍襲用之，一變一餐萬世千歲浮沉之齊物哲學，遽然表露其慷慨憤懣之心跡，終而淚下漣漣，哀悼不已，此正爲思想衝突之證也。阮詩中用屈原事並非偶見，也正是阮籍心跡之眞流露。龔自珍《最錄李白集》：「莊、屈實二，不可以並，並之以爲心，自白始」，實則嗣宗已先得之。作爲思想家的阮籍的哲思在詩的植根於現實的情思面前消散，它並不像在詩人的哲學文字中那樣具有自我抒釋、解脫的意味，如上舉詩中，反而加強了內在的緊張，增添了一重焦灼苦悶的色彩。

【附註】

註一　章句、訓詁有別，馬瑞辰《毛詩傳箋通釋》曾論曰：漢儒說經，莫不先通訓詁。《漢書・揚雄傳》言雄少而好學，不爲章句，訓故通而已。《儒林傳》言丁寬作《易說》二萬言，訓故舉太義而已。而《後漢書・桓譚傳》亦言譚遍通五經，皆訓故大義，不爲章句。則知訓詁與章句有辨。章句者離章辨句，委曲支派，而言多附會，繁而不殺。蔡邕所謂前儒特爲章句者，皆用其意附，非其本旨。所以通人惡煩，羞學章句也。詁訓則博習古文，通其轉注假借，不煩章解句釋而奧義自闢。

註二　「三玄」之名，始出自《顏氏家訓・勉學》：「洎至梁世，茲風復闡，莊老周易，總謂三玄」，其於魏晉但曰：「皆以農黃之化，在乎己身，周孔之業，棄之度外。」梁時儒道釋一時俱興，與人主之倡導極有關。武帝撰《周易講疏》、《老子講疏》、簡文帝有《老子義》《莊子義》。

註三　參見饒宗頤《選堂集林・史林・戰國西漢的莊學》。

註四　《三國志・魏志・鍾會傳》：「會弱冠與山陰王弼並知名，」裴注引《鍾會母傳》：雅好書籍，涉歷衆書，特好《易》、《老子》。亦不及《莊》，或可爲一旁證。

註五　呂思勉之說最爲平實貼切：「《漢志》所謂道家者流、其學實當分二派，一切委心任選，乘化以待盡，此一派也，現有之書，莊列爲其代表；秉要執本，清虛以自守，卑弱以自持，此一派

也，現存之書，以老子爲最古。」（《經子解題・老子》）

註六　參見錢鍾書《管錐編》第三冊一〇八四頁。王充作爲漢代學術一大異端，對後代有極深刻之影響，王充之書在魏晉甚爲流行，《論衡》幾成阮氏家學，請參見余英時《士與中國文化》第四一〇頁注一。

註七　阮籍詩均爲《詠懷》。

跋

本書是我在復旦大學中國語言文學研究所完成的博士學位論文的部份內容，其中得失是非，不該作者置喙。必須申明的是對導師顧易生教授的深摯感謝，先生兩年多來給予的教誨和對論文的審閱，使作者在學術上能有所進步；副導師蔣凡教授的指教和鼓勵同樣是不容忘懷的。復旦九年面壁求學期間，陳允吉教授始終的關懷、期許和教導，非片言可酬，當銘感在心。

論文還曾經復旦大學王運熙教授、王水照教授、黃霖教授、應必誠教授、袁震宇教授、華東師範大學徐中玉教授、郭豫適教授、齊森華教授、北京大學張少康教授、中國人民大學蔡鍾翔教授、上海社會科學院陳伯海研究員、徐培均研究員等的嚴格審查，敬表謝忱。

最後，我不能不提到我的父親陳謙豫教授和母親黃世瑜教授，他們在我人生和知性的成長上傾注的愛和智慧造就了我，在我而言，這是無與倫比的。

陳引馳　一九九三年十月三十一日夜